dumont taschenbücher

William Morris (1834–1896), englischer Dichter, Maler, Kunsthandwerker und Designer, verband seine praktische Tätigkeit mit sozialreformerischem Engagement und trat als Autor von Romanen, darunter die sozialutopische ›Kunde von Nirgendwo‹, Zeitschriftenartikeln und Vorträgen hervor. Morris gilt als Erneuerer des Kunsthandwerks und der Buchkunst und wurde zum Begründer der englischen Arts & Crafts-Bewegung. Seine Entwürfe (insbesondere für Tapeten, Textilien, Möbel) sowie der von ihm verwendete Illustrations- und Dekorationsstil hatten entscheidenden Einfluß auf den englischen Jugendstil, und seine Ideen wirkten prägend auf die Wiener Werkstätte, den Deutschen Werkbund und das Bauhaus.

Hans-Christian Kirsch (Frederik Hetmann) geb. 1934, Autor und Übersetzer, lebt in Nomborn/Westerwald. Veröffentlichungen: *Tilman Riemenschneider – ein deutsches Schicksal* (1981), *Zwei unter uns – die Maler Akbar Behkalam und Hanefi Yeter* (1984), *Worpswede – Die Geschichte einer deutschen Künstlerkolonie* (1987), *Der Maler und das Kind – Szenen aus dem Leben des Francisco Goya* (1988).

VIER ESSAYS

Mit einer Einführung versehen,
übersetzt und herausgegeben
von
HANS-CHRISTIAN KIRSCH

WILLIAM MORRIS

WIE WIR LEBEN
UND
WIE WIR LEBEN
KÖNNTEN

DUMONT BUCHVERLAG
KÖLN

INHALT

Einführung
William Morris – ein Kämpfer
für das Schöne und Nützliche
9

Vier Essays
Die Schönheit des Lebens
69

Wie ich ein Sozialist wurde
133

Wie wir leben und wie wir leben könnten
145

Die Ziele der Kunst
195

Die Mit- und Nachwelt über William Morris
231

Ich fand heraus,
daß die Gründe für die Vulgaritäten der Zivilisation
viel tiefer lagen, als ich gedacht hatte.
Schritt für Schritt
wurde ich zu der Schlußfolgerung getrieben,
daß diese Häßlichkeiten der Ausdruck
einer unserer Moral innewohnenden Schwäche sind,
die uns durch die gegenwärtige Gesellschaftsform
aufgezwungen wird,
und daß es nutzlos ist zu versuchen,
lediglich von außen mit diesen Häßlichkeiten
zu Rande zu kommen . . .

William Morris

Hans-Christian Kirsch

WILLIAM MORRIS

EIN KÄMPFER FÜR DAS SCHÖNE UND NÜTZLICHE

Als was soll man William Morris vorstellen? Als einen genialen Designer, der bedauerlicherweise viel Zeit damit vertat, sich auch in anderen Künsten zu versuchen? Als Kulturkritiker und Sozialisten, der unter anderem der Meinung war, Marx habe in seiner Gesellschaftstheorie das elementare Bedürfnis des Menschen nach *Schönheit* zu wenig beachtet? Als einen Dichter, der eine Utopie über das Leben in einem ›grünen England‹ des 21. Jahrhunderts, kulturkritische Essays, Nachdichtungen isländischer Sagas und mehr als ein halbes Dutzend viktorianischer Fantasy-Romane schrieb? Als Lyriker, Agitator, Umweltschützer, Pazifist, Kunsthandwerker, Pressendrucker und als schönheitsbesessenen Ästheten? Oder als eine einzigartige originelle Mischung von all dem, als einen der letzten der universellen Künstler in der Tradition der Renaissance, einer europäischen Kulturepoche, der er selbst eher kritisch gegenüberstand?

Fragt man hingegen, weswegen Morris uns heute angehen könnte, so fällt die Antwort leichter. Da ist ein Mann, der das, was seit Marx ›Entfremdung‹ heißt, nicht nur wahrnimmt, sondern für sich selbst aufzuheben versucht.

Da ist ein Intellektueller, der nicht nur schreibt, erklärt, aufklärt, vehement kritisiert, also

Kopfarbeit leistet, sondern darüber hinaus auch darauf besteht, in Handarbeit schöne Dinge herzustellen ..., der nicht nur die Häßlichkeit, Aufgeblasenheit, Heuchelei, den Antagonismus von Not und Verschwendung im Lebensstil von Kapitalismus und Industriezeitalter aufdeckt und anprangert, sondern dem als falsch und unwürdig Erkannten sogleich sein Stück irdisches Paradies entgegenstellen möchte, sei es in Form eines Stuhles, der schön anzusehen ist und auf dem man bequem sitzt, einer Tapete, deren Farben und Formen das Lineament von Pflanzen nachzeichnen, eines Glasfensters, eines Gedichts, einer Erzählung, die die ihm richtig erscheinende Form menschlichen Zusammenlebens darstellt. Morris konnte weben, malen, sticken, färben, drucken und Bier brauen. In der Sprache unserer Tage: Wir haben es mit einem Mann alternativen Bewußtseins zu tun, einem Mann, der solches Bewußtsein zeit seines Lebens praktisch in die Tat umsetzte. Allein diesen Prozeß und die Reaktionen einer von ganz anderen Wertvorstellungen als er überzeugten Gesellschaft auf ihn zu beobachten wäre Grund genug, sich mit der äußeren und inneren Welt dieses Menschen näher zu beschäftigen.

Man kann sagen, Morris sei kein origineller Theoretiker gewesen. Viele seiner Gedanken finden sich bei Carlyle, dessen Arbeitsethos und Zuwendung zum Mittelalter, bei Ruskin (›Evangelium der Schönheit‹) und bei Karl Marx. Sie sind dort, vor allem was die sozio-ökonomischen Theorien angeht, stärker differenziert und präzisiert. Aber dieser Nachteil ist zugleich auch Morris' Vorteil. Wenn er allzu starker Abstraktion und Theoretisierung mißtraute, so aus zwei Gründen: zum einen wegen des Verlusts an Anschaulichkeit und Lebendigkeit, der diese für den Humanisierungsprozeß so wichtigen Gedanken um einen Teil ihrer Wirksamkeit brachte. Zum anderen wollte Morris in dem, was er schrieb, die schon damals erkennbare Kluft zwischen Arbeitern und Mittelstand einerseits und den Künstlern und Intellektuellen im Elfenbeinturm überbrücken. Eine Geschichte, ein Gedicht, ein Vortrag – das sollte, wenn schon nicht für alle, so doch für möglichst viele verständlich sein, wie Morris auch dafür kämpfte, daß Schönheit sich im Leben aller Menschen ereignen solle, und zwar nicht nur in einer vom Alltag abgetrennten Feiertagsatmosphäre, sondern eben gerade im Alltag als unter anderem lustvoll erfahrener Bestandteil der Arbeit. Nein, Morris war, wenn solche Grobeinteilungen zur Vororientierung helfen können, gewiß kein überlegener Theoretiker.

Er war ein Didaktiker, glaubte – ob zu Recht oder zu Unrecht, das sei dahingestellt –, die Menschen seien bildbar, belehrbar, überzeugbar, der Gegensatz zwischen individuellen und kollektiven Ansprüchen aufhebbar, sofern es nur gelinge, den Drachen ›Profit‹, ja die Gier des Menschen überhaupt, die aus der atavistischen Furcht erwachse, verhungern zu müssen, zu überwinden.

Er war schließlich – und vielleicht ist dies eine Eigenschaft, die ihn uns in besonderem Maße sympathisch und wieder wichtig werden läßt – als radikaler Sozialist und Humanist höchst undogmatisch, jemand, der, frei nach Heine, bereit war, den Himmel den Engeln und den Spatzen zu überlassen, und das Glück des Menschen im Diesseits verwirklicht sehen wollte. Er war auch ein Visionär, der in seinen Geschichten eine bessere Gesellschaft als schon verwirklicht darstellte, um als Stachel vorzuführen, wie wir leben könnten.

Er war schließlich ein Mensch, der Natur liebte, nicht im Sinn eines Blut- und Bodenmythos, nicht als etwas, das dem Menschen zur Unterwerfung und Ausbeutung überantwortet ist, sondern als Lebensgrundlage und Quelle von Schönheit, als den Seinsbereich, der entscheidend für Empfindungen des Glücks oder Unglücks ist.

Ich sah hieraus, daß Dick in seiner Art wie Ellen die Erde leidenschaftlich liebte, was in der früheren Zeit, soweit ich sie kannte, nur bei wenigen der Fall war, während unter den sogenannten gebildeten Leuten ein sauertöpfisches Gefühl der Verachtung für das wechselnde Schauspiel des Jahres wie für das Leben der Erde und den Anteil der Menschen an ihm vorherrschte.

William Morris, Kunde von Nirgendwo

William Morris wurde am 24. März 1834 in Elm House, Walthamstow, geboren.

Der Ort, der heute am Stadtrand von London liegt, war vor hundertfünfzig Jahren ein hübsches Dorf in Essex, nur eine Meile von einem großen, für seine schönen Weißbuchenbestände bekannten Wald, Epping Forest, entfernt. Die damals noch ländliche Idylle im Tal der Lea war dennoch schon die Wohngegend wohlhabender Geschäftsleute, die mit der Kutsche in ihre Büros nach London fuhren. Der Vater war Börsenmakler, mit einem Geschäftslokal in der Lombard Street. Er hatte in Kupferaktien spekuliert und damit ein beträchtliches Vermögen gemacht.

Der große, damals noch wilde Wald von Epping mit dem Jagdhaus Elisabeths I., ein Stück für

England charakteristische Landschaft, für dessen Erhaltung sich William Morris später noch in einem temperamentvollen Leserbrief im ›Daily Chronicle‹ einsetzte, und die »weite grüne See der Marschen von Essex«, durch die die Themse dem Meer zustrebte, scheinen ihn als Kind tief beeindruckt zu haben. Als 14jähriger Junge, 1848, kam William Morris auf eine Internatsschule nach Marlborough, wo er nach eigenen Aussagen so gut wie überhaupt nichts lernte, aber viel Muße hatte, zu lesen und eine andere englische Landschaft von besonderem Reiz zu durchstreifen: Wiltshire mit seinen prähistorischen Monumenten von Stonehenge und Avebury, dem Tal der Weißen Pferde und den schönen alten, in einheitlichem Baustil errichteten Dörfern der Cotswolds.

1853 ging Morris nach Oxford und begann ein Theologiestudium am Exeter College. Es war die Zeit der ›High-Church-Bewegung‹, von der der junge Mann zumindest vorübergehend beeinflußt wurde. Seit den dreißiger Jahren hatten Männer wie John Henry Newman, der später zum katholischen Glauben übertrat, John Keble und Edward Pusey den Mangel an Idealismus in der ›Kirche von England‹ kritisiert und in einer Reihe von Traktaten gefordert, auch das Verhältnis zwischen Kirche und Staat neu zu überdenken. All dies muß auf einen empfindsamen und idealistischen jungen Mann wie Morris Eindruck gemacht haben.

In Oxford lernte er den jungen Maler Edward Burne-Jones kennen und gründete mit ihm und mit einigen anderen Malern, Dichtern und Architekturstudenten eine von den Präraffaeliten inspirierte Bruderschaft.

Man hat diese Malerschule, die als Gruppe mit einem klar umrissenen Programm zu diesem Zeitpunkt gerade erst fünf Jahre bestand, als Künstler im Spannungsfeld zwischen ethischem Realismus und Elfenbeinturm bezeichnet. Sie erstrebten eine Reform der Anekdoten- und Idyllenmalerei, wie sie an den Akademien gelehrt wurde, aus dem Geist der frühen italienischen Maler wie Giotto, Gozzoli und Botticelli.

Diese Malerei wollte eine Botschaft verkünden, wie das zuvor eine rein religiösen Themen zugewandte Kunst getan hatte. Das hieß, wie es Günter Metken umschrieben hat, »Abkehr von Landschaft, Porträt und Genre, Hinwendung zu Themen mit sozialer Tragweite«, hieß zugleich, »dem frühkapitalistischen England eine eigenständige, demokratische Kunst« geben. Gewisse Einflüsse gingen auch von den Nazarenern in Deutschland aus. Von ihnen

Edward Burne-Jones
und William Morris, 1874

übertrug sich die Vorstellung von »Kunst als säkularisierte Religion im Dienste der Allgemeinheit«, wie sie in der deutschen Romantik auftaucht, nach England und wurde nun dort mit »modernen Gefühlen und dem Stimulans des Erotischen« aufgeladen.

Beeindruckt von diesem Programm und seinen Kunstprodukten, machten es sich Morris und seine Freunde zur Aufgabe, »einen heiligen Kreuzzug und Krieg gegen den Ungeist der Zeit zu führen«.

Die fünfziger Jahre waren eine Zeit, in der der viktorianische Kapitalismus selbstsicher und siegesgewiß auftrat. Die Herausforderung durch die Chartistenbewegung war überwunden. Nach 1848/49 schien die Gefahr einer Revolution in Europa vorbei. Noch zeigte sich kein Rivale, der die Vormachtstellung Großbritanniens auf dem Weltmarkt ernsthaft gefährdet hätte. In England selbst hatte der Schmutz der neuen Industriestädte, 1845 von Friedrich Engels in ›Die Lage der arbeitenden Klasse in England‹ eindrucksvoll beschrieben, unerträgliche Ausmaße angenommen, ohne daß sich bisher eine Milderung der Mißstände durch Planung oder sanitäre Vorkehrungen abgezeichnet hätte. In der Bourgeoisie machte sich in einer Atmosphäre geistiger Trägheit und Selbstgefälligkeit ein behäbiges Philistertum breit, das sich in seinen Wohnungen mit überladenen Prunkstücken umgab. Die Weltausstellung des Jahres 1851 im Londoner Hydepark, die doch Englands Weltgeltung auf allen Gebieten der Wirtschaft in Szene setzen sollte, hatte eine bestürzende Nivellierung des allgemeinen Geschmacks dokumentiert. »Die hier gezeigten Erzeugnisse des Kunstgewerbes waren entweder billige Nachahmungen oder plumpe Übertreibungen unverstandener Vorbilder. Das Kunsthandwerk war heimatlos geworden. Im Vollzug der technischen Entwicklung drang die Maschine in alle Sparten des Kunstgewerbes ein und rief damit nicht nur eine ungeheure Produktionssteigerung, sondern auch eine sprunghafte Verbilligung und Verschlechterung der Erzeugnisse hervor.« In dieser Zeit, in der der Kapitalismus seine größten Triumphe feierte, fühlten sich jene, die warnend ihre Stimme erhoben, hilflos und isoliert. Etwas von dieser intellektuellen Atmosphäre klingt in Morris' Rechenschaftsbericht ›Wie ich ein Sozialist wurde‹ an.

Von Ruskin und von seiner Begeisterung für die Handwerkskunst der Gotik beeinflußt und angeregt, unternahmen Morris und Burne-Jones 1854, teilweise zu Fuß, eine Reise durch Belgien und Nordfrankreich. Sie sahen dabei voller Bewunderung nicht nur die Gemälde spätmittelalterlicher Meister wie Hans Memling und Jan van Eyck, sondern auch die Kathedralen der Normandie in Beauvais und Rouen. Es war eines der entscheidenden ästhetischen Erlebnisse in Morris' Leben, auf das er in seinen Aufsätzen immer wieder zurückkommt.

In der von dem Freundeskreis gegründeten Zeitschrift ›The Oxford and Cambridge Magazine‹ schreibt er unmittelbar nach Rückkehr von dieser Reise: »Ich halte diese Kirchen von Nordfrankreich für die freundlichsten und liebenswertesten aller Bauwerke, die die Erde je getragen hat.«

In ebendieser Zeitschrift finden sich von Morris, neben einem Aufsatz über die Holzschnitte Alfred Rethels, auch sieben Geschichten, in deren Gattungsbezeichnung ›romances‹ sich seine Vorliebe für folkloristische Literatur andeutet. Das Erlebnis der Gotik in der Normandie und in Oxford wirkt nach bis hin zu dem 1888 veröffentlichten Aufsatz ›Die Ziele der Kunst‹, in dem Morris unter anderem beklagt, daß mit der Veränderung des Stadtbildes in Rouen und Oxford ein Stück Schönheit für immer aus der Welt verschwunden sei.

Schon in seiner Studentenzeit in Oxford begann Morris zu schreiben, zunächst Erzählungen, bald auch Lyrik, Paraphrasen über Themen der Artus-Sage, mit der die Studenten in der aus dem ausgehenden Mittelalter stammenden Fassung von Thomas Malory bekannt geworden waren – ein Kultbuch, auch noch in der nächsten Generation, wovon die Gemälde der Präraffaeliten, auch Aubrey Beardsleys Illustrationen für die Ausgabe des ›Morte Darthur‹ (1889–91), Zeugnis ablegen. Gedichte gingen Morris sehr leicht von der Hand, und dieser etwas saloppe Ausdruck beschreibt zugleich seine Einstellung zur Lyrik.

Er hat später einmal erklärt, jemand, der nicht einen Webstuhl betätigen und gleichzeitig ein Sonett verfassen könne, sei in seinen Augen kein rechter Kerl und könne nicht für sich in Anspruch nehmen, künstlerisch begabt zu sein.

Die Gedichte – mit wenigen Ausnahmen – sind der Teil seiner Arbeiten, der sich am stärksten an den Zeitgeist gebunden erweist, doch gerade sie gaben ihm Ansehen. Morris, der Dichter, dessen Lyrik von einer breiten bürgerlichen Schicht beifällig aufgenommen wurde, kam Ende der 70er Jahre in die engere Wahl eines ›poeta laureatus‹, und 1877 wurde ihm sogar der Lehrstuhl für Dichtkunst an der Universität Oxford angeboten, den er jedoch ablehnte.

Wenn wir seinen Lebensweg chronologisch weiterverfolgen, so wäre nun zu berichten, daß er die

Universitätsstudien aufgab (November 1855) und anschließend für das Architekturbüro Streets in Oxford zu arbeiten begann.

Bald aber sah er zwischen den Aufträgen, die er dort auszuführen hatte, und seinen eigenen Vorstellungen und Überzeugungen eine unerträgliche Diskrepanz. Früh hatte sich bei Morris die Ansicht ausgeprägt, Menschen sollten sich eine Welt der einfachen schönen Dinge schaffen. Diese Vorstellung, im Protest gegen den Zeitgeist der ersten industriellen Revolution entstanden, ist zunächst rein ästhetisch und unpolitisch, wie aus einem Brief aus dem Januar des Jahres 1856 hervorgeht, in dem es heißt: »Ich kann für politisch-soziale Themen von Bedeutung kein Interesse aufbringen, denn insgesamt scheint mir das alles ein heilloses Durcheinander, und ich habe weder die Kraft noch die Neigung, etwas daran zu ändern. Mein Werk besteht darin, Träumen in der einen oder anderen Art Gestalt zu geben.« Nach seiner Bekanntschaft mit Dante Gabriel Rossetti, dem aus einer italienischen Emigrantenfamilie stammenden Maler-Dichter, gab Morris seinen Brotberuf als Angestellter in einem Architekturbüro 1856 auf, mit der Absicht, nun Maler zu werden. Es stellte sich aber bald heraus, daß dazu seine Fähigkeiten, vor allem im figürlichen

Zeichnen, nicht ausreichten. Sein einziges Ölbild, ›Queen Guinevere‹, ein Porträt seiner späteren Frau als Königin Ginevra aus dem Artus-Zyklus, blieb unvollendet.

Ein Versuch, an dem auch Burne-Jones und Rossetti beteiligt waren, die Union Debating Hall in Oxford mit Fresken zu versehen, endete durch die Unerfahrenheit der jungen Künstler mit einem Fiasko. Da die Kenntnisse über die Freskotechnik im viktorianischen England verlorengegangen waren, malte man die Bilder mit ungeeigneter Farbe direkt auf den feuchten Putz, mit dem Erfolg, daß sie nach wenigen Jahren völlig verblaßten. Aber gerade diese Erfahrung dürfte Morris mit dazu bewogen haben, sich später alte, zum Teil untergegangene Werktechniken außerordentlich gewissenhaft anzueignen.

Bezeichnenderweise waren wieder alle Szenen für diese Fresken dem ›Morte Darthur‹ entnommen, ein Hinweis mehr darauf, wie sehr diese Geschichte Morris und seine Freunde als Symbol und Ideal beschäftigte.

Den Enthusiasmus des Freundeskreises für die Welt des König Artus und der Ritter von der Tafelrunde und die weitgehende Identifizierung mit den Gestalten dieser Welt beweist auch ein Brief von Burne-Jones an seinen Freund Cornell Price aus dem

›Berufung der Ritter‹,
Wirkteppich nach einem Entwurf
von Edward Burne-Jones,
Ausführung: William Morris

Jahr 1853, in dem es heißt: »Denke daran, ich habe mein Herz darauf gesetzt, eine Bruderschaft zu gründen. Lerne ›Sir Galahad‹ (gemeint ist ein Gedicht von Tennyson) auswendig. Er ist der Schutzpatron unseres Ordens.«

Die Parallelität, die die Freunde zwischen sich und den Gralsrittern sahen, liegt auf der Hand. Wie jene verstanden sie ihre Arbeit als ›heiligen Auftrag‹, ein ›waste land‹, ein unfruchtbares Land, in ihrem Fall eine zur Unmenschlichkeit tendierende und jegliche Schönheit und Würde zerstörende Zivilisation, zu retten. Der Gral, der dazu von ihnen aufgefunden werden mußte, war eine neue Kunst.

Nimmt man Morris' erst später zutage tretendes Interesse an nordischer Mythologie hinzu, so könnte man meinen, er hätte sich auch für das Werk Wagners begeistern müssen. Erstaunlicherweise ist dem genau nicht so. Morris fand, als ihn Ende der siebziger Jahre Freunde auf Wagner hinwiesen, dessen Kunsttheorien »widerwärtig«. Es sei unmöglich und zeuge von schlechtem Geschmack, epische Texte in eine Oper, die, wie er meinte, »rokokohafteste und heruntergekommenste aller Kunstformen«, übertragen zu wollen. Vollends empörte ihn die Vorstellung, daß Sigurds Klage, »für die selbst einfachste Worte nicht typisch genug sind«, etwa »von einem deutschen Tenor mit sandfarbenem Haar gezwitschert« werden könnte.

Die Vorliebe des Freundeskreises für Rittertum und Mittelalter mit Haltungen der deutschen Romantik gleichzusetzen dringt jedoch nicht zum Kern der Sache vor. Im Grunde genommen hat man in Artus und den Rittern der Tafelrunde poetische Gegenbilder zu dem krassen viktorianischen Utilitarismus zu sehen, den beispielsweise auch Dickens gerade um diese Zeit, freilich mit ganz anderen Mitteln, so heftig kritisierte. Sir Lancelot und Sir Galahad sind Antivorbilder zu jenem Mr. Gradgrind aus dem 1854 veröffentlichten Dickens-Roman ›Hard Times‹, der im Eingangskapitel den Schulmeister anweist: »Was ich verlange, sind Fakten. Lehren Sie diese Jungen und Mädchen nichts als Fakten. Auf Fakten kommt es im Leben an. Pflanzen Sie nichts anderes ein und jäten Sie alles andere rücksichtslos aus. Das Bewußtsein vernunftbegabter Tiere muß sich auf Fakten gründen ...«

Noch während der Zeit in Oxford hat Morris Jane Burden kennengelernt, die Tochter eines Lohnkutschers und Stallknechts, »eine Erscheinung von furchterregender und wundervoller Intensität«, wie der amerikanische Schriftsteller Henry James sie beschreibt.

Es scheint, daß auch Gabriel Rossetti schon damals in Jane verliebt war, sich aber durch die Bindung an die kranke Elizabeth Siddal dazu gedrängt fühlte, zu entsagen, dafür aber die Werbung seines schüchternen Freundes Morris um die schöne Jane unterstützte.

Morris und Jane Burden heirateten dann im April 1859. Die Ehe wurde nach wenigen Jahren und nach der Geburt zweier Töchter (Jenny 1861 und May 1862) unglücklich, ohne daß es zur Trennung oder Scheidung der Partner gekommen wäre.

Wahrscheinlich waren es gerade diese persönlichen, ja intimen Konflikte, die Morris veranlaßten, sich eindringlicher mit gesellschaftlichen Fragen zu befassen, und seine aktive Hinwendung zur Politik mit vorbereiteten.

Nicht von vornherein dürfte Morris jene Haltung eingenommen haben, die im Hinblick auf das Verhältnis der Geschlechter und die Familie in seinen Vorträgen und Reden der zweiten Lebenshälfte immer deutlicher zutage tritt und die Paul Thompson in seinem Buch ›The Work of William Morris‹ so umreißt: »Das Heim der viktorianischen Mittelklasse basierte, aus Morris' Sicht, auf einer doppelten Heuchelei. Liebe und Moral waren vorgetäuscht, die tatsächliche Basis war ein ›wirtschaftliches

William Morris: ›Queen Guinevere‹

Übereinkommen‹, der Mann hatte, als Gegenleistung für ihren Besitz und ihren Körper, die Frau zu unterhalten; aus beidem ergab sich das exklusive Recht des männlichen ›Tigers‹ am heimischen Herd. Bei nur geringen Chancen, selbst etwas zu verdienen, blieb den Frauen aus der Mittelklasse fast nichts anderes übrig, als sich Bequemlichkeit und eine sexuelle Beziehung auf Kosten ihrer Freiheit und Möglichkeit zur Selbstverwirklichung zu erkaufen.

Hier begann dann die zweite Art der Heuchelei: die der Klassenungleichheit. Durch sie führte eine Frau der Mittelschicht jene Hausarbeit, die ihren Aufgabenbereich ausmachte, nicht einmal selbst aus, sondern stellte ein ›armes Aschenbrödel‹ (a poor drudge) aus der Arbeiterklasse dazu an ... Die Dame, das arme Aschenbrödel und die Prostituierte – dies sind die drei Haupttypen von Frauen, die in unserer Zivilisation durch einen sich aus der Vergangenheit herleitenden Prozeß vorkommen. Schwer zu sagen, welchem der drei Typen das meiste Unrecht geschieht, welcher am elendsten dran ist ...«

Morris hat solche ›Familienverhältnisse‹ bei sich selbst und bei seinen Freunden und näheren Bekannten ständig vor Augen gehabt. Es mußte der Punkt kommen, an dem die Muster aus den Artus-Geschichten nicht mehr hinreichten, um jene Konflikte, die sich aus der Realität aufdrängten, projizierend zu verarbeiten. Denn auch dies muß betont werden: Zeit seines Lebens ist das Schreiben von Gedichten und Geschichten bei Morris auch eine Möglichkeit zur Aufarbeitung privater Seelennöte. – Als Morris nach seiner Eheschließung ein Haus oder eine Wohnung in London suchte, wurde ihm das ganze Elend viktorianischer Architektur und Wohn-Unkultur nachdrücklich bewußt.

Auf einer Reise nach Frankreich im Herbst 1858 diskutierte er mit dem befreundeten Architekten Philip Webb seine Vorstellungen von einem schönen und zweckmäßigen Wohnhaus. Das Ergebnis waren die Pläne zu einem Bau, der schließlich in einem Obstgarten in Kent errichtet wurde und 1860 bezogen werden konnte: Red House in Bexley Heath, die erste jener Inseln zweckmäßiger Schönheit, wie sie Morris zeit seines Lebens immer wieder zu schaffen versuchte.

Mit seinem steilen Ziegeldach und seinen tiefen gotischen Vorbauten erscheint Red House auf den ersten Blick wie ein Stück mittelalterlicher Architektur. In allen wesentlichen Dingen aber war es modern. Die Konstruktion blieb offen sichtbar. Einfache, unverputzte Ziegel wurden verwendet. »Die Wände und der Fußboden waren nackt«,

Red House,
1859–60 von Philipp Webb
für William Morris erbaut

berichtet Georgiana Burne-Jones in ihren Memoiren, »auch konnte Morris weder einen jener Stühle, Tische, Sofas, eines jener Betten oder Wandbehänge ertragen, wie sie damals üblich waren ...«

Andere Dinge waren einfach nicht aufzutreiben, beispielsweise bemalte Kacheln. Als Morris in ganz England keine fand, die seinen künstlerischen Ansprüchen genügten, begann er selbst mit der Herstellung. Er ließ sich aus Holland weiße Kacheln kommen und experimentierte zusammen mit Charles Faulkner so lange an verschiedenen Glasuren, bis ein befriedigendes Resultat erzielt war.

Er begann auch, seine Möbel selbst zu entwerfen und herzustellen. Und es gab in seinem engeren Freundeskreis genügend Menschen mit Begabung und handwerklicher Fertigkeit in den sogenannten ›geringeren Künsten‹: Webb sorgte für Gläser und Kerzenstöcke, Burne-Jones für die Glasfenster. Der Garten wurde strikt nach den eigenwilligen Vorschriften von Morris gestaltet, wie er sie später in seinem Aufsatz ›Das Beste daraus machen‹ niederlegte. Hinter dem Haus, von zwei Seiten von einer Hauswand und einem Rosenspalier eingeschlossen, befand sich ein kleiner Brunnenhof.

»Dieser Hof«, schreibt Georgiana Burne-Jones, »mit seinem schönen überdachten Brunnen in der Mitte faßte die Atmosphäre des ganzen Anwesens zusammen.«

In den letzten Jahren hat Roderick Marshall die Vorstellung entwickelt, die beherrschende Idee bei Morris' Beschäftigung mit Architektur lasse sich im Begriff des Mandala fassen, des magischen Kreises der Buddhisten, Symbol für ein zentrales Ziel oder für das Selbst des Menschen als psychische Totalität. Mandalas verkörpern die Abkehr von der Welt des Vergänglichen, mit dem Ziel, ›avidya‹ zu erlangen, einen Zustand von Stille und kosmischer Verbundenheit. Morris hat derlei weniger mystisch, sondern mit dem bei ihm durchaus wohlentwickelten Sinn für das Praktische in dem Satz ausgedrückt: »Das wahre Glück liegt darin, Interesse für alle Einzelheiten des täglichen Lebens aufzubringen.«

Von dieser Auffassung her sind viele seiner Vorschläge und Unternehmungen im Bereich der Architektur und des Design zu verstehen.

Red House wirkte und wirkt – denn es ist heute noch vorhanden – wie das Domizil eines wohlhabenden flämischen Bürgers aus dem 15. Jahrhundert. Eine gewisse Diskrepanz zwischen diesem Gebäude und dem Architekturprogramm von Morris, wie es sich in den nachstehenden Aufsätzen andeutet, ist nicht zu übersehen.

Das ist nicht erstaunlich, wenn man bedenkt, daß die Ausführung dieses Baus eben noch vor seiner ›Bekehrung‹ zum Sozialisten liegt, deren Gründe und Verlauf er in dem Text ›Wie ich ein Sozialist wurde‹ so anschaulich schildert.

Die Diskrepanz verweist auf ein Problem, über das Morris sich selbst wohl im klaren war, das er aber in seinem persönlichen Leben nicht zu lösen vermochte. Schlagwortartig läßt es sich mit dem Satz ausdrücken: der wohlhabende Bürger als Sozialist mit revolutionärem Bewußtsein. Interessant ist allerdings auch, wie er diesen Konflikt für seinen Versuch, ein ästhetisches mit einem politischen Programm zu verbinden, hat fruchtbar werden lassen.

Wenn in ›Die Ziele der Kunst‹ ein Begriff der Arbeit nach Überwindung des Profitzwanges entwickelt wird, in dem die Schönheit als lustvolle Ingredienz des menschlichen Betätigungsdranges amalgamiert ist, wäre dies wohl ohne diesen häufig schmerzhaft erfahrenen Widerspruch so nicht gedacht worden.

Zurück zu ›Red House‹. Es sollte eigentlich eine ganze Künstlerkolonie aufnehmen. Aber dazu kam es nicht. Dies und das Scheitern seiner Ehe waren Erfahrungen, die Morris bald in die schwerste Krise seines Lebens stürzten.

Zunächst aber war, aus dem Einfall eines Augenblicks heraus, die Firma ›Morris, Marshall, Faulkner & Co, Fine Art Workmen in Painting, Carving, Furniture and Metals‹ gegründet worden. Ihr gehörten außer Morris Burne-Jones, P. P. Marshall, Philip Webb, Ford Madox-Brown, Arthur Huges und C. J. Faulkner an. Letzterer hatte, mit der Absicht, von nun an die Buchhaltung der Firma zu besorgen, seinen Beruf als Mathematiklehrer in Oxford an den Nagel gehängt. Das meiste Kapital kam von Morris, der inzwischen über sein Erbe verfügen konnte, während die anderen nur mit Einlagen von 20 Pfund beteiligt waren. Die Geschäftsräume der Firma, die von eisernen Bettgestellen bis zu gläsernen Weinkaraffen so ziemlich alles herstellte und vertrieb, was zur Inneneinrichtung eines Hauses notwendig ist, aber auch farbige Glasfenster für Kirchen anfertigte, befanden sich zunächst am Red Lion Square in London. Später, ab 1865, lag das Geschäftslokal am Queen Square in Bloomsbury. 1875 ging die Firma in den Alleinbesitz von Morris über und zog 1881 in die Werkstätten von Merton Abbey in Surrey um, hielt aber in London Ausstellungsräume in der Oxford Street. – Wenn man sich vorstellt, daß die Firma nach heutigem Verständnis ein Geschäft alternativer Wohnkultur war, so ist es erstaunlich, wie rasch

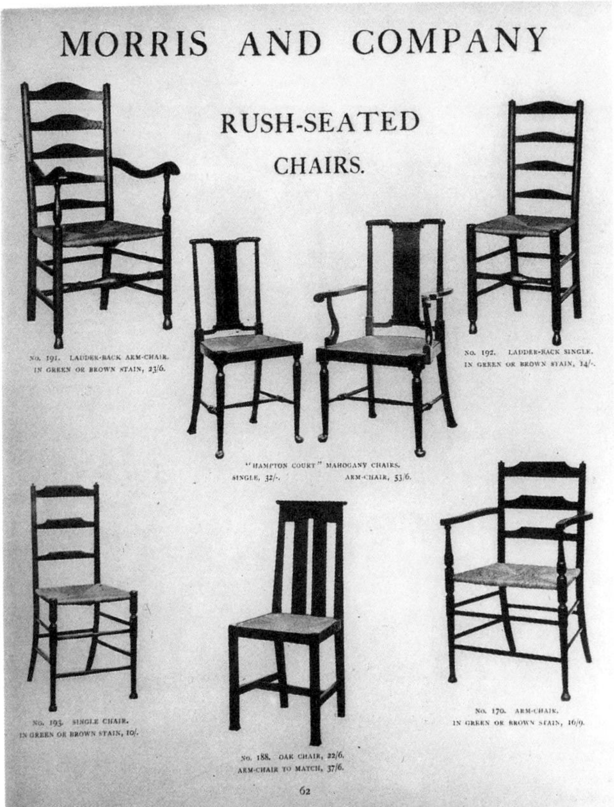

Verschiedene Binsenstuhl-Modelle
aus dem Katalog der Firma Morris and Company

William Morris: ›Guinevere und Elaine‹,
Karton mit dem Entwurf für eine Glasmalerei

William Morris: ›Chrysanthemum‹,
Entwurfszeichnung für eine Tapete, 1877

sie Erfolg hatte. Schon 1866 erhielt sie beispielsweise einen Hofauftrag, nämlich die Ausstattung des ›Armoury and Tapestry Room‹ im St. James Palace. Morris selbst konzentrierte sich in den frühen Jahren der Firma vor allem auf Tapetenmuster und Textilien. Er entwarf beispielsweise das auch im Red House verwendete Rosenmuster und das Gänseblümchenmuster, zu dem er sich, wie sein erster Biograph J. W. Mackail herausfand, von den Illustrationen eines Froissart-Manuskriptes im Britischen Museum anregen ließ.

In seinen Entwürfen zu Tapeten und Textilien erweist sich Morris, wie Peter Floud urteilt, »als der größte Muster-Designer, den wir in England je besessen haben, als *der* klassische Designer seines Zeitalters«, wobei er bei Textilien durch Rückgriff auf Pflanzenfarben den noch sehr schlechten Anilinfarben seiner Zeit eine alt-neue Qualität der Färbekunst entgegensetzte, deren Wirkung Lethaby so beschreibt: »Morris' Farbwerte glühen von innen. Irgend etwas geschieht mit den verschiedenen Teilen dessen, was hier vereinigt ist. Es ist, als ob Kirchenglocken läuten ...«

Unterdessen war Morris für eine Generation, die sich auf der Suche nach einem Ideal ins Mittelalter zurückverwiesen sah, so etwas wie ein Modedichter geworden. ›The Defence of Guineve‹ (1858), ›Jason‹ (1867) und ›The Earthly Paradise‹ (1868–70) machten ihn vor allem als Lyriker bekannt.

Wenn heute seine Gedichte mit ihren zahlreichen hinter Masken und mythologischen Figuren versteckten Anspielungen auf seine persönlichen Probleme vor allem als Indizienmaterial für Biographen interessant sind, so gibt es doch ein paar Strophen, in denen, wie in einem Wandteppich aus Worten, die Atmosphäre des viktorianischen Zeitalters noch einmal in ausdrucksstarken Symbolen zusammengefaßt wird:

»Forget six counties overhung with smoke,
Forget the snorting steam and piston stroke,
Forget the spreading of the hideous town;
Think rather of the pack-horse on the down,
And dream of London, small, and white, and clean
The clear Thames bordered by its garden green ...«

So die Eröffnungsstrophe von ›The Earthly Paradise‹, die nicht zuletzt wegen ihrer Reimfolge und der Notwendigkeit des Reims kaum ins Deutsche übersetzbar ist, ohne daß ihre musikalischen Qualitäten verlorengehen würden.

Während Morris als Lyriker Anerkennung fand und die Firma auf etwas paradoxe Weise Erfolge verzeichnen konnte – sie stattete vor allem die Häuser jener Leute aus, die für Morris der Inbegriff allen gesellschaftlichen Übels werden sollten –, wurde seine häusliche Situation immer prekärer.

Zwischen seinem Freund und Vorbild Gabriel Rossetti und seiner Ehefrau Jane hatte sich eine Beziehung angebahnt, die gemäß dem Moralgesetz jener Zeit skandalös war. Morris war einerseits bestrebt, solche Moralvorstellungen als ›philisterhaft‹, verlogen und unangemessen abzutun. Das schloß andererseits nicht aus, daß ihn gelegentlich heftige Anfälle von Wut und Eifersucht überkamen. Gemeinsam mieteten Morris und Rossetti Kelmscott Manor, ein schönes Landhaus an der Themse, nicht weit von Oxford entfernt. Dorthin gingen Hausfreund, Ehefrau und Kinder vor den neugierigen Blicken und spitzen Zungen der Londoner Gesellschaft ins Exil, während Morris selbst mit seinem Sprachlehrer Eirikr Magnusson eine Islandreise unternahm.

Was ihn an der altskandinavischen Literatur anzog, hat Morris später gegenüber einem Freund, dem österreichischen Sozialisten Andreas Scheu, so umschrieben: »Die herrliche Frische und die Unabhängigkeit des Denkens in ihnen (den Sagas), der Wind von Freiheit, der durch sie weht, die Bewunderung von Mut als einer Tugend der menschlichen Rasse und ihre völlige Unkonventionalität eroberten mein Herz im Sturm.«

Und diese Islandreise im Jahre 1871 brachte auch soziale Einsichten: »Ich lernte dort, wie ich hoffe, eine Lektion mit aller Gründlichkeit, daß die bedrückende Armut ein geringes Übel verglichen mit der Ungleichheit der gesellschaftlichen Klassen darstellt.«

Aber auch dies: »Der angesehenste Mann griff auf dem Feld und bei der Hausarbeit mit zu, genau so wie in den homerischen Gedichten ... die Stellung der Frau in dieser Gesellschaft (wie sie in den isländischen Sagas geschildert wird) war gut, zwischen Ehepartnern herrschte viel mehr Gleichheit als heute. Es gibt viele Geschichten von Frauen, die sich wegen einer Beleidigung oder Unart des Mannes scheiden ließen, ein Schlag langte als Scheidungsgrund aus ...«

Als Morris aus Island zurückkehrte, war es mit der großzügigen Duldung der Seelenfreundschaft zwischen Jane und Rossetti (oder was immer mehr zwischen ihnen gewesen sein mag) bald vorbei.

Während in seinem Gedicht ›The Pilgrims of Hope‹, das die eigenen Probleme in das zeitgeschichtliche Ereignis der Pariser Kommune projiziert, der Held edel Nachsicht mit seinem besten Freund übt, der die Ehefrau zur Geliebten nahm, erzwang Morris in der Realität Rossettis Auszug aus Kelmscott Manor, das durch seine Architektur und die es umgebende Landschaft in späteren Jahren immer mehr zu einer jener Inseln des Glücks wurde, von denen im Zusammenhang von Red House schon die Rede gewesen ist.

Es war ein äußeres Ereignis, bei dem sich – wie übrigens bei vielen Engländern – Morris' Gerechtigkeitssinn empörte, das schließlich zu seinem aktiven Engagement in der Politik führte. 1876 hatten türkische Truppen unter der christlichen Bevölkerung Bulgariens ein Massaker angerichtet. Dessen ungeachtet schien die britische Regierung Ihrer Majestät bereit, sich an der Seite des ›kranken Mannes vom Bosporus‹ in einen Krieg mit Rußland verwickeln zu lassen. Es kam zu Demonstrationen gegen diesen als ungerecht empfundenen Krieg. Mit der ›Eastern Question Association‹ bildete sich eine Art außerparlamentarische Opposition, deren Schatzmeister Morris wurde. 1877 begann er seine öffentlichen Vorlesungen über dekorative Künste und gründete die ›Society for the Protection of Ancient Buildings‹ (Gesellschaft zum Schutze historischer Gebäude), im Volksmund ›Anti-Scrape‹

(Anti-Abbruch) genannt, deren Ziel es war, »›alte Baudenkmäler im Auge zu behalten, gegen alle Restaurationen zu protestieren, die in mehr bestehen als in der Sicherung gegen Wind und Wetter ..., das Gefühl dafür zu schärfen, daß alte Gebäude mehr sind als ekklesiastische Spielzeuge, vielmehr heilige Monumente, die an die Entwicklung und die Hoffnungen einer Nation erinnern«.

Die polemische Bemerkung über die »ekklesiastischen Spielzeuge« bezog sich auf die neugotischen Verschandelungen schöner alter Kirchen durch Pfarrer und Kirchenbehörden, wider die Morris mit allen Mitteln, bis hin zu Tätlichkeiten, gegen – wie er fand – bornierte Kirchenmänner stritt.

1883 trat Morris der ›Demokratischen Föderation‹ bei, zu dieser Zeit die am entscheidendsten vom Marxismus beeinflußte Gruppe unter den englischen Sozialisten. Begründend schrieb er zu diesem Schritt: »Sowohl meine historischen Studien wie auch mein praktischer Konflikt mit dem Philistertum der modernen Gesellschaft zwangen mich zu der Überzeugung, daß Kunst unter dem gegenwärtigen System des Kommerzialismus und der Profitgier nicht leben und nicht wachsen kann.« Obwohl von nun an Morris viel Zeit auf politische Reden an der Straßenecke und auf Vortragsreisen durch die Industriegebiete verwandte, darf man ihn sich doch nicht als ›Berufspolitiker‹ vorstellen. Unterwerfung unter die Autorität eines Parteivorstandes oder eine Parteilinie waren nicht Sache dieses Mannes; seine Wutanfälle hatten die Wucht von Orkanen.

Während der achtziger Jahre blieb die Auseinandersetzung mit dem Werk von Karl Marx die sein Denken vorantreibende Kraft. Nach zehn Jahren allerdings war er über seine sozialistischen und anarchistischen Genossen fast ebenso desillusioniert wie in den siebziger Jahren über die Liberalen.

Hauptsächlich im Streit um einen reformerischen oder revolutionären Kurs und weil ihm die Politik der 1884 gegründeten Social Democratic Federation unter der Führung von Hyndman zu lau und opportunistisch erschien und er sich von Reformen durch Mitarbeit im Rahmen des parlamentarischen Systems nichts versprach, dann aber auch, weil in der Organisation anarchistische Strömungen die Oberhand gewannen, zog sich Morris 1890 auf die Gruppe der ›Hammersmith Socialist Society‹ zurück, die trotz relativ geringer Mitgliederzahl bei der weiteren Entwicklung des Sozialismus in England eine wichtige Rolle spielte.

Die Behauptung, wonach Morris' Sozialismus mehr auf moralischen denn auf theoretischen Fundamenten beruhte, trifft zu. Dies ist ihm selbst bewußt gewesen, wie man in den Ausführungen seines Artikels ›Wie ich ein Sozialist wurde‹ nachlesen kann.

Das heißt aber nicht, daß man sein politisches Engagement als romantisch abtun kann, noch, daß Morris sich am Ende seines Lebens enttäuscht vom Sozialismus abgewandt hätte. Seiner tatsächlichen Einstellung kommt wohl Asa Briggs, der Herausgeber seiner politischen und kunstästhetischen Schriften in England, nahe, wenn er schreibt: »Morris sah viele Probleme und Schwierigkeiten bei der Einführung des Sozialismus auf gesetzgeberischem Weg voraus, hingegen war er weniger erfolgreich in der Voraussicht von Problemen und Schwierigkeiten einer durch Revolution errichteten sozialistischen Gesellschaftsordnung. In letzter Instanz würde er wohl beide Arten von Sozialismus nach ein und demselben Kriterium beurteilt haben – nach der Frage, ob es jeweils gelungen sei, eine ›Gesellschaft der Gleichheit‹ herzustellen, und wie die Menschen aussehen, die eine solche Gesellschaft hervorbringt. Was den Kapitalismus angeht, so konnte er die Ausmaße des wirtschaftlichen Wachstums im 20. Jahrhundert mit all seinen sozialen Konsequenzen nicht vorhersehen, aber unabhängig davon weigerte er sich, sein Vertrauen in die wohltuende Wirkung materieller Prosperität allein zu setzen.«

Als Morris 1888 zwei seiner ›romances‹ (wir würden sagen: Fantasy-Romane), ›The House of Wolfings‹ und ›Roots of the Mountains‹, im Druck überwachte, regte sich erneut sein Interesse an der Handpressenkunst.

Schon zwanzig Jahre zuvor hatte er mit Burne-Jones den Plan entwickelt, eine illustrierte Ausgabe von ›The Earthly Paradise‹ herzustellen, wofür der Freund über hundert Zeichnungen angefertigt hatte. Morris' innerer Vorbehalt gegenüber einer Betätigung als Typograph bestand vor allem darin, daß die Druckkunst an der Schwelle zur Renaissance entstanden war, die er, wie in ›Die Schönheit des Lebens‹ nachzulesen, als die Wurzel vieler Übel ansah.

Handgeschriebene Bücher, wie jene Auswahl aus seinen Gedichten, die er für einen Geburtstag von Georgiana Burne-Jones anfertigte, entsprachen lange mehr seinem Ideal, zumal sich sein Interesse für Handschriften an den reichen Beständen der Bodleian Library während seiner Studentenzeit gebildet und sich von da an zu einer großen Leidenschaft entwickelt hatte. Bezeichnend dafür ist die folgende kleine Episode, die Compton-Rickett überlieferte:

»Morris sagte zu seiner Schwester, eine alte Handschrift in der Hand: ›Ich habe dafür zwanzig Pfund gezahlt‹, fügte jedoch wie ein ertappter Schulbube hinzu: ›aber sag es nicht Mutter.‹« Und sein erster Biograph Mackail berichtet aus den letzten Lebensjahren, wie Morris einen herrlichen Psalter auf einer Ausstellung erblickte und ausrief: »Welch ein Buch! Meine Augen! Und ich box' mir gegen den Schädel, damit mir ein Plan einfällt, um mich heranzuschleichen und es in meinen Besitz zu bringen.«

1890 gründete Morris in einem Haus, nur wenige Schritte von seiner Stadtwohnung in der Mall von Hammersmith entfernt, die Kelmscott Press, in der er bis zu seinem Tod, sechs Jahre später, über fünfzig Buchtitel mit einer Gesamtauflage von 18 000 Exemplaren herausbrachte.

Sein Programm für diese Presse steht in einer Notiz vom 1. November 1895: »Ich begann Bücher zu drucken mit der Hoffnung, etwas herzustellen, das einem bestimmten Anspruch von Schönheit genügen, gleichzeitig aber auch leicht zu lesen sein sollte. Es sollte die Augen nicht flimmern machen noch den Intellekt des Lesers durch die Ausgefallenheit der Buchstabenform beunruhigen. Als ich von diesem Standpunkt aus mein Abenteuer plante, fand ich, daß ich hauptsächlich an die folgenden Dinge zu denken hätte: das Papier, die Buchstabenformen, den entsprechenden Zwischenraum zwischen Buchstaben, Worten und Zeilen und letztlich an den Stand des Schriftblocks auf der Buchseite.« Unterstützung bei diesem Vorhaben erhielt Morris von seinem Nachbarn Emery Walker, einem in der Druckkunst erfahrenen Mann.

Ausgehend von einer Schrift des Niclas Jenson aus dem Jahr 1476 entwickelte Morris zunächst die ›Golden Type‹ und später, für mittelalterliche Bücher, aber vor allem für den Nachdruck von Caxtons ›The Recuyell of the Historyes of Troye‹, die ›Troy‹, von der er die ›Chaucer‹ als kleinere Variante ableitete. Vorbilder waren hier die von Schoeffer in Mainz, Mentelin in Straßburg und Gunther Zainer in Augsburg während der ersten zwei Jahrzehnte des Druckerhandwerks verwendeten Schriften, denen gegenüber, wie Morris fand, der sonst häufig bei gotischen Schriften erhobene Einwand, sie seien schwer lesbar, nicht zutreffe. Viele Bücher der Kelmscott Press haben Initialen von Morris, während die Illustrationen hauptsächlich von Burne-Jones, aber auch von Walter Crane, C. M. Gere und Arthur Gaskin stammen. Obwohl Morris selbst eine große Vorliebe für ausgeschmückte Bücher hatte, war er doch bereit zuzugeben, daß das einzig nötige Ornament und das

Hauptkriterium für die Schönheit eines Buches letztlich in der Tatsache lägen, ob es dem Handwerker gelungen sei, einen gediegenen Gebrauchsgegenstand für den Leser zu entwickeln. Gediegenheit für den Gebrauch war einer seiner Leitgedanken, den er für die gesamte Entwicklung moderner Architektur und modernen Designs einbrachte.

Die Kelmscott Press hatte für eine Handpresse eine ungewöhnlich umfangreiche Produktion. So erschienen beispielsweise allein im Jahr 1892 Wilfried S. Blunts ›Love Lyrics and Songs for Proteus‹, von Morris selbst ›The Defence of Guenevere‹ und ›A Dream of John Ball‹, Caxtons ›Golden Legend‹ in drei Bänden, dazu dessen ›The Recuyell of the Historyes of Troye‹, und eine Übersetzung eines holländischen Textes des Reineke Fuchs.

Eine Sonderstellung unter allen Büchern der Kelmscott Press nimmt die Ausgabe von Chaucers Werken im Jahr 1896 ein. Sie stellte das aufwendigste und großartigste Unternehmen des Druckers Morris dar. Seit ihrer Studienzeit hatten Morris und Burne-Jones diesen großen Autor des Mittelalters bewundert. – Wie weit bei Morris diese Bewunderung ging, läßt sich an seinem ›Earthly Paradise‹ ablesen, dessen Struktur große Ähnlichkeit mit den ›Canterbury Tales‹ aufweist.

Letztlich haben die bei der Gründung der Presse verkündeten Grundsätze der leichten Lesbarkeit bei diesem Druckwerk keine Anwendung gefunden. Auch unter dem Gesichtspunkt der Brauchbarkeit und Gediegenheit läßt sich die Gestaltung der Chaucer-Ausgabe schwerlich verstehen. Man muß in ihr vielleicht das Denkmal eines Druckers und Illustrators für seinen Lieblingsdichter sehen. Vom ›Chaucer‹ wurden 1896 425 Exemplare normal und 13 in Pergament gebunden hergestellt. Die Preise waren damals 20 bzw. 126 Pfund. 1967 wurde die Pergament-Ausgabe für 800 Pfund gehandelt.

Zwei Texte, die in der letzten Epoche von Morris' Leben entstanden, verdienen selbst in einer kürzeren Einführung in das so vielfältige Werk dieses Mannes ausführlicher vorgestellt zu werden. In ihnen wird einmal mehr ein Grundzug von Morris' Bewußtsein deutlich: Der Rückgriff in die Vergangenheit hat das Ziel, dort etwas von dem wiederzuentdecken, was der Gegenwart ermangelt und was in der Zukunft verwandelt neu erstehen soll.

1888 erschien, zunächst als Vorabdruck in der sozialistischen Zeitschrift ›Commonweal‹, ›A Dream of John Ball‹ (dt. ›Ein Traum von John Ball‹, vermutlich in Wien gedruckt, ohne Jahresangabe, nur mit dem Hinweis: Gesellschafts-Buchdruckerei Brüder Hollinek, III, Erdgasse 3). Ein Mann, offenbar Morris selbst, erzählt in der ersten Person, wie er im Traum in die Vergangenheit Englands zurückversetzt worden ist. Auffallend ist zuerst für ihn »die gartenähnliche Schmuckheit aller Dinge«. Die unterschiedlichen sozialen Verhältnisse stellen sich heraus, als er erklärt: »Ich bin mein eigener Herr« und zur Antwort erhält: »Nein, das ist nicht Sitte in England.« Es wird klar, daß der Träumer in die Bauernunruhen des Jahres 1381 geraten ist, als der Prediger John Ball mit Bauern eine erfolglos verlaufende Erhebung gegen die Oberschicht versuchte und dabei die subversive Frage aufwarf: »Als Adam grub und Eva spann, wer war da der Edelmann?«

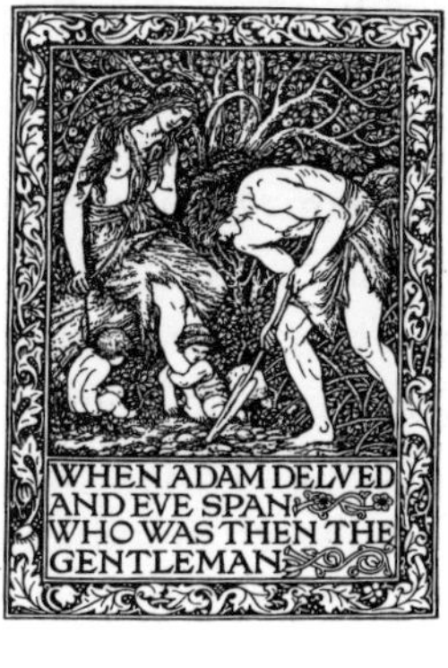

Holzschnitt von Edward Burne-Jones für William Morris' 1892 in der Kelmscott Press erschienene Ausgabe von ›A Dream of John Ball‹

Im Schlußkapitel, das zu einem Zeitpunkt spielt, zu dem die Revolte schon gescheitert ist, besprechen John Ball, der auf seine Hinrichtung wartet, und der Träumer die Zukunft, was den Autor in die Lage versetzt, all jene politischen Fragen zur Sprache zu bringen, die ihn zur Zeit der Entstehung des Textes vordringlich beschäftigen.

Die Sprache der Geschichte ist einfach und würdig, so wie in John Balls Abschiedsworten an den Träumer, die lauten: »Ich wünsche dir, was du dir selbst wünschst, einen hoffnungsvollen Kampf und Frieden ohne Schande, was, mit einem Wort gesagt, Leben bedeutet.«

Danach erwacht der Träumer an einem Wintermorgen an der Themse in London: »Auf der anderen Seite des Wassers hoben sich die wenigen Weidenbäume, die uns die Themse-Erhaltungskommisssion gelassen hatte, zweifelhaft lebendig ab gegen den düsteren Himmel und die Reihe von elenden, mit blauem Schiefer gedeckten Häusern ... die Straße vor dem Haus war rußig und kotig, und in der Luft lag jenes Gefühl von schmutzigem Unbehagen, das einen in London nie verläßt. (...) Als ich mich aber fröstelnd und niedergeschlagen abwandte, erhob sich plötzlich der schreckliche Ton der Signalpfeifen, die eine nach der anderen die Arbeiter in die

Fabriken rufen. Dies war das Signal nach dem Frühstück und daher um so stärker. Da lächelte ich bitter, kleidete mich an und machte mich fertig für meines Tages ›Arbeit‹, wie ich sie nenne. Es gibt wohl noch manche Leute nebst John Ruskin (aber nicht viele in seiner Stellung), die sie ›Spiel‹ nennen würden.«

Das Buch wurde in England zu einem Stück Volksliteratur und war in der Arbeiterschaft weit verbreitet. Harold Laski berichtet, er habe Exemplare von ›Der Traum von John Ball‹ bei vielen Bergarbeiterfamilien in England gesehen und diese hätten sich selbst dann nicht von dem Buch getrennt, wenn sie in bittere Armut gerieten und ihr letztes Möbelstück verkaufen mußten.

In die Zukunft blickt Morris in ›News from Nowhere‹ (Vorabdruck 1890 in ›Commonweal‹, dann in Buchform erschienen 1893 in der Kelmscott Press und 1892/93 in einer von Natalie und Wilhelm Liebknecht angefertigten deutschen Übersetzung in ›Die Neue Zeit‹, jener von Karl Kautsky betreuten ›Revue des geistigen und öffentlichen Lebens‹).

Die Handlung von ›Kunde von Nirgendwo‹, wie die deutsche Version des Buchtitels lautet, läßt sich verkürzt so wiedergeben: Der Autor kommt eines Abends von einer hitzigen Diskussion mit seinen sozialistischen Freunden über den Morgen der

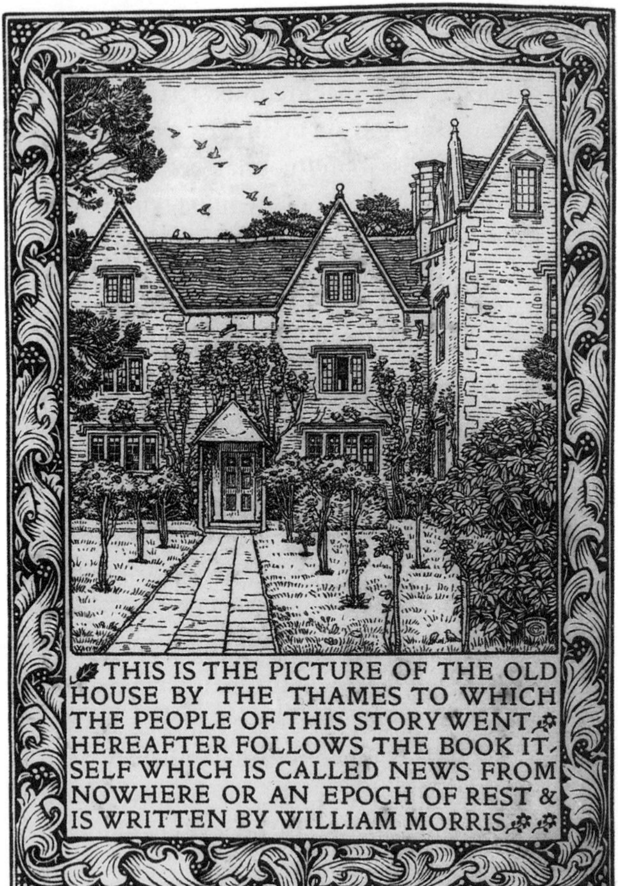

Mit Holzschnitten verzierte Seiten der 1893 in der Kelmscott Press erschienenen Buchausgabe von William Morris' Roman ›News from Nowhere‹

NEWS FROM NOWHERE OR AN EPOCH OF REST.

CHAPTER I. DISCUSSION AND BED.

UP at the League, says a friend, there had been one night a brisk conversational discussion, as to what would happen on the Morrow of the Revolution, finally shading off into a vigorous statement by various friends, of their views on the future of the fully-developed new society.

SAYS our friend: Considering the subject, the discussion was good-tempered; for those present, being used to public meetings & after-lecture debates, if they did not listen to each other's opinions, which could scarcely be expected of them, at all events did not always attempt to speak all together, as is the custom of people in ordinary polite society when conversing

Revolution heim. Er legt sich schlafen und erwacht im 21. Jahrhundert.

Die Revolution hat stattgefunden – übrigens gemäß der Morrisschen Fiktion im Jahre 1952. Schon seit 150 Jahren (bei Erwachen des Autors) lebt das Volk von England in einer kommunistischen Idealgesellschaft. Die Maschinen sind völlig abgeschafft worden. Man ist – wie in ›Die Ziele der Kunst‹ ebenfalls angenommen – zur Handarbeit zurückgekehrt, nachdem man eingesehen hat, daß Fabriken nur die Landschaft verschandeln und verschmutzen. Die Städte haben wieder ein mittelalterliches Aussehen erhalten. Freilich hat man die unangenehmen Seiten des mittelalterlichen Lebens überwunden. Es gibt kein Geld mehr. Die Lebensumstände sind äußerst einfach, und alle Menschen sind so glücklich, wie letztlich unvollkommene Wesen nur glücklich sein können.

Die Gegensätze von Hand- und Kopfarbeit sind aufgehoben, nicht hingegen gewisse Konflikte in der Beziehung der Geschlechter zueinander.

Etwas plumpe Späße erlaubt sich Morris bei den Hinweisen auf den neuen Verwendungszweck bekannter Orte und Baulichkeiten: Trafalgar Square ist ein Obstgarten geworden, die Houses of Parliament dienen als Düngespeicher.

Das Wort ›Kunst‹ gibt es nicht mehr, »weil Kunst ein notwendiger Teil bei der Arbeit jedes Menschen, der etwas herstellt, geworden ist«.

Am überzeugendsten vielleicht ist Morris der Bericht über die Jahre kurz vor der Revolution und über den Umsturz selbst gelungen. Fast überflüssig zu erwähnen, daß in ›News from Nowhere‹ jeder nur das tut, was ihn interessiert, weil keiner mehr gezwungen ist, sich »das Recht zu leben erst zu verdienen«. Da die Arbeit selbst zum Vergnügen geworden ist, ist es nur plausibel, daß auch die Umgebung des Menschen nun viel lustvoller aussieht.

Der lange Bericht über eine Bootsfahrt von London/Hammersmith nach Kelmscott beruht auf Erinnerungen an eine ähnliche Flußfahrt, die Morris mit Familie und Freunden im Sommer 1880 unternahm.

Das letzte Kapitel spielt in Kelmscott selbst. Am Ende verblaßt alles zu einem Traum. Der Schläfer erwacht. Wieder zu Hause in seinem Bett, im »schmutzigen Hammersmith«, sieht der Autor noch einmal Ellen vor sich, die Frau aus der Zukunft, deren Blick zu besagen scheint: »Nein, es geht nicht. Du kannst keiner der Unsrigen sein. Du gehörst so vollständig dem Elend der Vergangenheit, daß selbst unser Glück dich ermüden würde. Geh zurück. Du hast uns nun gesehen, und deine äußeren Augen haben gelernt, daß trotz aller unfehlbaren Lehrsätze deiner Tage doch eine Zeit der Ruhe für die Welt in Aussicht ist – eine Zeit, die kommen wird, wenn es nur noch Genossen und keine Herren und Knechte mehr gibt – nicht früher. Geh deshalb wieder zurück, und solange du lebst, wirst du überall um dich Menschen sehen, die bemüht sind, andere ein Leben führen zu lassen, das nicht ihr eigenes Leben ist, während sie sich selber um ihr eigenes, wirkliches Leben nicht kümmern – Menschen, die das Leben hassen, obgleich sie den Tod fürchten ...«

Am 3. Januar 1896 nimmt William Morris an dem Neujahrstreffen der Social Democratic Federation teil. Zwei Tage später hält er die letzte seiner regelmäßig stattfindenden Sonntagabend-Vorlesungen im Kutschhaus in Hammersmith ab. Das Thema lautet ›Eine Sozialistische Partei‹. Gegen Ende des Monats spricht er auf einer Veranstaltung der ›Nationalen Gesellschaft gegen den Mißbrauch von Reklame in der Öffentlichkeit‹ und unterstützt eine Resolution, in der gefordert wird, »im nationalen Interesse die ländliche Szenerie vor unnötiger Verunzierung zu bewahren und in den Aspekten unserer Zeit Würde und Anstand walten zu lassen«. Es ist seine letzte öffentliche Rede.

Im Juli und August unternimmt er noch einmal eine Schiffsreise nach Norwegen. Er ist schon zu krank, um noch an Land gehen zu können. Am 8. September diktiert er in Hammersmith die letzten Zeilen des Fantasy-Romans ›The Sundering Flood‹. Er ist nicht mehr in der Lage, nach Kelmscott hinaus zu fahren. Lungenbeschwerden treten auf. Am 12. September notiert ein Bekannter in seinem Tagebuch: »Es ist ein erstaunliches Bild. Er sitzt sprachlos da und wartet darauf, daß das Ende kommt ...«

Philip Webb und Burne-Jones besuchen ihn täglich. Er stirbt am 3. Oktober 1896 im Alter von 62 Jahren. Wie der Familienarzt erklärt, »als Opfer seines Enthusiasmus, die Prinzipien des Sozialismus zu verbreiten«, während ein anderer Arzt bemerkt: »Die Krankheit bestand einfach darin, daß Morris über Jahre hin mehr gearbeitet hat als zehn Männer zusammen.«

Das klingt glaubhaft, wird davon aber nicht unbedingt wahr und richtig. Tatsächlich scheint Morris in seinen letzten Lebensjahren schwer zukkerkrank gewesen zu sein. Jedenfalls deuten das Jukken und Brennen an Füßen, Händen und Augen, die gegen das Ende rapide zunehmende Schwäche, Ohnmachtsanfälle und Perioden von Schlaflosigkeit auf Diabetes hin.

Man könnte nun am Ende dieses Lebensberichts noch einmal eine Szenerie seiner Gedanken hinstellen. Mir scheint etwas anderes, auch im Hinblick auf das, was Morris Menschen hundert Jahre nach seinem Tod zu sagen hat, angemessener: ein Auszug aus einem Brief an einen Freund, 1874 geschrieben, der anspruchsloser als mancher programmatische Versuch und dennoch in großer Eindringlichkeit seine Vorstellung von menschlichem Glück kennzeichnet: »Stell Dir vor, die Menschen lebten in kleinen Landgemeinden zwischen Gärten und grünen Feldern, so daß man mit einem Spaziergang von fünf Minuten in offener Landschaft ist; stell Dir vor, sie hätten wenig Bedürfnisse, fast keine Möbel zum Beispiel, und dächten über die – schwierige – Kunst nach, sich des Lebens zu erfreuen. Stell Dir vor, sie würden wirklich versuchen herauszufinden, was sie eigentlich wollen. Dann, so denke ich, bestünde Hoffnung, daß Zivilisation tatsächlich begonnen hat.«

Ich habe versucht, aus jedem meiner Arbeiter einen Künstler zu machen, und wenn ich sage, einen Künstler, so meine ich einen Menschen.

William Morris im Gespräch mit Oscar Wilde

Die Luft rein und die Flüsse sauber zu halten und einige Mühe darauf zu verwenden, daß sich das Ackerland in einem Zustand befindet, der vernünftige Nutzung gestattet ...

William Morris, 1883

Dieses Buch will zeigen, daß es sich lohnen könnte, knapp hundert Jahre nach seinem Tod sich wieder mit Morris zu beschäftigen.

Bei der Auswahl der Texte hatte ich zwei Aspekte vor Augen, deren Kombination gerade Morris' Eigenart und ideologische Position kennzeichnet: seine Ansichten zu Kunst und Arbeit, zu Ästhetik und Politik, zu einer Zivilisation, wie wir sie vorfinden, deren Elend und Bedrohung für die Menschlichkeit wir empfinden, so daß sich von daher der Auftrag zur Veränderung stellt.

Morris hat, darauf wurde zu Anfang schon hingewiesen, nie eine geschlossene politische Theorie entwickelt, viele seiner Vorstellungen und Gedanken stammen von anderen Kulturkritikern seiner Zeit. Selbstverständlich haben sich gerade im Bereich der Arbeit und was die Gegensätze der Klassen angeht, die Verhältnisse in einer Weise geändert, die für Morris wie für andere soziopolitische Theoretiker – einschließlich Marx – nicht vorhersehbar war. Andererseits lassen sich Problemfelder erkennen – Umweltverschmutzung, Zerstörung der Landschaft, die Frage der Erhaltung alter Gebäude und die Art ihrer Restauration, Herrschaft der Technik über den Menschen, Arbeit unter dem Vorzeichen der Entfremdung, zunehmende Häßlichkeit und Unbewohnbarkeit unserer Städte, Kriegspolitik zur Beherrschung bestimmter Märkte, Verschwendung von Gütern, in die menschliche Arbeitskraft eingegangen ist, hier, während dort an ihnen Mangel herrscht –, die damals zum ersten Mal aktuell wurden und die heute immer noch nach einer Lösung verlangen. Sie einmal aus dem Blickfeld eines radikalen und kämpferischen Humanisten zu sehen sollte eine wichtige Anregung für unsere soziale und politische Phantasie sein.

Darüber hinaus gibt es eine Frage, die Morris von seinem Temperament und vielleicht auch von seiner sozialen Stellung her wichtig wurde, deren gewissenhafte Erörterung und Beantwortung indessen aber darüber mitentscheidet, ob das Wesen Mensch überleben kann oder nicht. Es ist die Frage nach den unabdingbaren Werten des Menschen und im Detail nach jenen Bedingungen und Gütern, die der Mensch zu einem menschenwürdigen Dasein tatsächlich braucht. Ich könnte nicht behaupten, daß mich die Antworten, die Morris auf diese Fragen gibt, in allen Punkten voll befriedigen, aber er bringt diese Fragen temperamentvoll auf den Tisch, während man bei vielen anderen Politikern häufig den Eindruck hat, ihre Aktivitäten seien vor allem darauf ausgerichtet, Menschen von diesen Fragen abzulenken bzw. sie durch Verdrängungsmechanismen erst gar nicht aufkommen zu lassen. – Morris stiftet an, darüber nachzudenken, was denn eigentlich jene Werte sind, die wir als fundamental verteidigen oder gar erst erobern müssen. Wir können zu anderen Ergebnissen kommen als er. Uns durch seinen Elan, seine Unkonventionalität, in gewissem Sinn sogar durch seine Naivität wieder vor diese Fragen geführt zu haben ist sein bleibendes Verdienst.

Anmerken sollte man zu den nachstehenden Texten noch, daß sie ursprünglich gesprochenes Wort, also Reden und Vorträge waren, die Morris aber jeweils selbst noch einmal überarbeitete, um sie nach einem gewissen Abstand in gedruckter Form vorzulegen.

›*Die Schönheit des Lebens*‹ ist der dritte aus einer Folge von insgesamt fünf Vorträgen, die er um das Jahr 1880 vor verschiedenen Institutionen in Liverpool und London hielt. Sie erschienen 1882 unter dem Titel ›Hopes and Fears for Art‹ zum ersten

Mal gedruckt. 1902 brachten Longman, Green and Co., gesetzt und gedruckt in der ›Golden Type‹ der Kelmscott Press, acht Nachlaßbände in der Chiswick Press, der Morris seit seiner Studentenzeit eng verbunden war, heraus. Neben ›romances‹ und Übersetzungen enthält diese Ausgabe auch zwei Bände, in denen zumindest die wichtigsten Vorträge William Morris' versammelt sind. Sie tragen den Titel ›Hopes and Fears for Art – Signs of Change‹ und ›Architecture, Industry and Wealth‹.

Ersterer enthält unter anderem auch ›Die Schönheit des Lebens‹ – ein Aufsatz, der in der ökologischen Bewegung Englands, der USA und der skandinavischen Länder in den letzten Jahren zu einer Art ›Kulttext‹ geworden ist.

›*Wie wir leben und wie wir leben könnten*‹ und ›*Die Ziele der Kunst*‹ sind zunächst in der sozialistischen Wochenzeitschrift ›The Commonweal‹ 1884 erschienen und wurden später ebenfalls in einen der Nachlaßbände von 1902 aufgenommen.

›*Wie ich ein Sozialist wurde*‹ schrieb Morris für die Ausgabe der Zeitschrift ›Justice‹ vom 16. Juni 1894.

Die meisten dieser Vorträge von Morris sind in den Jahren 1901–1902 im Verlag Hermann Seemann Nachf. Leipzig – und das erscheint mir geschichtlich aufschlußreich – bereits ein erstes Mal in deutscher Sprache erschienen. Es sind insgesamt acht Broschüren, gesetzt in einem Nachschnitt der Chaucer-Type von Haberlande. Die einzelnen Titel: ›Kunstgewerbliches Sendschreiben‹, Leipzig 1901; ›Die Kunst und die Schönheit der Erde‹, Leipzig 1901; ›Kunsthoffnungen und Kunstsorgen‹, Band 1–5, Leipzig 1902; ›Ein paar Winke über das Musterzeichnen‹, Leipzig 1902.

Unabhängig davon erschien, ebenfalls bei Hermann Seemann Nachf., 1902 der Band ›Zeichen der Zeit‹, mit den Vorträgen ›Wie wir leben und wie wir leben könnten‹, ›Whigs, Demokraten und Sozialisten‹, ›Das feudale England‹ sowie ›Die Hoffnung der Zivilisation‹, ›Die Ziele der Kunst‹, ›Nützliche Arbeit gegenüber unnützer Mühe‹ und ›Der Anbruch einer neuen Zeit‹.

Diese vor gut achtzig Jahren publizierten Schriften sind heute selbst in großen Bibliotheken kaum noch vorhanden. Ich habe alle Texte neu übersetzt und dabei die Ausgabe ›Hopes and Fears for Art – Signs of Change‹ (London, New York and Bombay 1902) zugrunde gelegt.

Hans-Christian Kirsch   Nomborn/Westerwald 1983

DIE SCHÖNHEIT DES LEBENS

Wenn ich mich in dieser Versammlung umsehe und über das nachdenke, was sie repräsentiert, komme ich nicht umhin, bis in die tiefste Seele von der Sorge im Leben zivilisierter Menschen berührt zu werden, aber auch von der Hoffnung, die sich trotz dieser Sorge zu Wort meldet.

Ich kann nicht anders, als abermals von jener Botschaft zu reden, die mir, wie es scheint, durch einen Zufall vom Schicksal aufgetragen worden ist. Diese Botschaft besteht, kurz gesagt, darin, Ihnen jene Gefahr vor Augen zu rücken, von der die Zivilisation bedroht ist, eine Gefahr, die von ihren eigenen Geschöpfen herrührt: nämlich daß die Menschheit in ihrem Verlangen, den Stärksten in ihren Reihen den Zugang zu allen Luxusgütern des Lebens zu verschaffen, sich zugleich insgesamt um alle Schönheit des Lebens zu bringen im Begriff steht; die Gefahr, daß die Stärksten und Weisesten der Menschheit in ihrem Streben nach einer vollständigen Herrschaft über die Natur und durch Versklavung der einfacheren Menschen auf der Welt die einfachsten und weitverbreiteten natürlichen Gaben zerstören und so schließlich die Welt in ein neues Barbarentum, tausendfach hoffnungsloser als jedes vorangegangene, stürzen werden.

Ich spreche von der Gefahr, daß die gegenwärtige Entwicklung der Zivilisation jegliche Schönheit des Lebens zu zerstören im Begriff steht.

Dies sind harte Worte, von denen ich wünschte, ich könnte sie abschwächen. Aber genau das eben kann ich nicht, weil ich glaube, daß ich mit ihnen die Wahrheit sage.

Daß die Schönheit des Lebens etwas sei, worüber es sich nicht nachzudenken lohne, werden nur wenige behaupten wollen, und doch benehmen und verhalten sich zivilisierte Menschen so, als sei all dies nicht weiter wichtig, und schädigen so sich selbst und jene, die nach ihnen kommen.

Daß Schönheit, und eben das ist es, was man unter Kunst versteht, wenn man das Wort im weitesten Sinn seiner Bedeutung benutzt, daß Schönheit, so sage ich, sich nicht bloß als ein Zufall im menschlichen Leben ereignet, als etwas, wofür sich Menschen entscheiden oder was sie auch lassen können, sondern von Natur aus uns Menschen bestimmt ist, es sei denn, wir gäben uns mit einem Zustand zufrieden, der weniger als menschlich ist, davon will ich ausgehen. Und nun frage ich Sie, wie ich mich selbst auch oft gefragt habe, welchen Anteil hat die Mehrzahl der Bevölkerung in diesen zivilisierten Ländern an dieser Notwendigkeit eines menschenwürdigen Daseins? Ich behaupte, die Antwort, die auf diese Frage gegeben werden muß, rechtfertigt meine Furcht, daß sich die moderne Zivilisation auf einem Weg befindet, auf dem die Schönheit des Lebens ausgelöscht wird und an dessen Ende wir weniger als Menschen geworden sein werden.

Und sollte jemand hier sein, der darauf erwidert: Das war doch immer so, es gab immer eine Masse, die in ihrer rohen Ignoranz nichts von Kunst wußte noch sich darum kümmerte, so antworte ich darauf: Dann war eben immer etwas faul, und es wird höchste Zeit, daß wir uns dessen bewußt werden und Anstrengungen unternehmen, es zu ändern. Zum anderen aber wäre auch daran zu erinnern: Seltsamerweise, und trotz aller Leiden, die die Welt sich wissentlich selbst zugefügt und an denen sie in allen Epochen festgehalten hat, als handele es sich dabei um eine gute und heilige Sache, ist es keineswegs immer so gewesen, daß die Masse der Menschen der Kunst gleichgültig gegenübergestanden hat. Soviel ist heute über Kunstepochen bekannt, die uns hinreichend viele Beispiele ihrer Hervorbringungen hinterlassen haben, daß wir sie mit den Relikten anderer

Zeiten zu vergleichen imstande sind, aus denen nur wenig dergleichen auf uns gekommen ist, und wir können uns der Schlußfolgerung nicht verschließen, daß, bis in die allerjüngste Zeit, alles, was von der Hand des Menschen berührt worden ist, mehr oder weniger schön war.

Also haben in jenen Zeiten alle Menschen, die etwas herstellten, teilgehabt an Kunst. Aber auch jene anderen hatten an Kunst teil, die die auf diese Weise hergestellten Dinge benutzten. Was bedeutet: alle Menschen haben teilgehabt an Kunst.

Nun mögen manche einwenden: Aber war das überhaupt wünschenswert?

Hat nicht jene universale Verbreitung von Kunst den Fortschritt in anderen Bereichen aufgehalten? War dies nicht hinderlich für die Arbeit der Welt? Ist solches denn die Aufgabe der Menschheit? Und kommt es nicht zumindest jetzt darauf an, daß sich die Menschen um anderes kümmern?

Ich behaupte, Kunst habe einen notwendigen, einen natürlichen Platz im menschlichen Leben. Von ihrem Gehalt her ergeben sich Regeln der Ordnung und der Brauchbarkeit für die allgemeinen Lebensumstände. Nehmen wir einmal an, daß Menschen, die allzu heftig bestrebt sind, der Schönheit äußerlich Ausdruck zu verleihen, eine zu starke

Kraft unter den anderen Kräften des Lebens darstellen könnten, in dem Sinn, daß dann eine Weizenähre als schön angesehen und gerade deswegen als Nahrungsmittel nicht mehr für tauglich erachtet würde.

Aber in der Tat scheint Kunst keine andere Chance zu haben, universal bedeutsam zu werden, wenn sie nicht ein wenig Selbstbewußtsein aufbringt. Zumeist wird sie mit zu wenig Anstrengung und zu wenig Selbstvertrauen ausgeübt. Wäre dies anders, die Arbeit in der Welt würde davon so wenig behindert wie die Tätigkeit der Natur durch die Tatsache, daß die Formen und Eindrücke, die sie hervorbringt und hervorruft, schön sind. Dies war der Fall in jenen Zeiten, von denen ich gesprochen habe.

Kunst als bewußte Anstrengungen, als Resultat individuellen Strebens nach vollkommenem Ausdruck ihres Sinns durch Menschen, die spezielle Begabungen dazu mitbringen: dies hat es, abgesehen von wunderbaren und kurzen Perioden, damals nicht mehr gegeben als heute. Allerdings meine ich, daß sich die Anstrengung, Schönheit hervorzubringen, für jene Menschen nicht unter so bitteren Umständen vollzog wie heute. Und wenn es damals auch nicht mehr große Denker gab als heute, so gab es sehr wohl eine Vielzahl von Arbeitern, die durch ihre Arbeit irgendeinen originellen Gedanken ausdrückten und deren Arbeit infolgedessen auch interessant und schön war.

Nun besteht gewiß keine Chance für eine mehr individuelle Kunst, allgemein zu werden. Es hat keinen Zweck, sich über den Überfluß oder über die lärmige Selbstgerechtigkeit aufzuregen, die hochkultivierte Menschen daran hindert, den ihnen zukommenden Anteil an anderer Arbeit in dieser Welt zu übernehmen. Es ist zu schwierig: Individuelle Kunst wird immer nur die Blüte jener halbbewußten Arbeit, die sich unterhalb ihrer Differenziertheit vollzieht, darstellen, in ihr wird sich immer nur verwirklichen, was weniger Begabten verschlossen bleibt.

Aber sie wird auch viel von ihrer Kraft, von ihrem Einfluß auf den Menschen zwangsläufig verlieren, wenn sie nicht umgeben ist von der Vielzahl jener gemeineren Arbeiten, an denen alle Menschen teilhaben sollten und die, wie ich behaupte, leicht und einfach getan werden können, wenn Kunst wirklich erblüht ist. Niemand wird durch solche Kunst von dem, was er tun will, abgehalten werden.

Da ich also glaube, daß Kunst, gemacht vom Volk für das Volk als Freude für den Hersteller wie für den Benutzer, den Fortschritt in anderen Dingen eher befördern denn hindern würde, meine ich auch, daß höhere Kunst von großen Geistern und wunderbar befähigten Händen so und nur so möglich ist.

Ich glaube, daß der gegenwärtige Zustand, in dem es höhere Kunst gibt, während die populäre Kunst schläft oder krank ist, ein transitorischer sein wird, der schließlich mit der völligen Niederlage oder dem völligen Sieg der Künste enden muß. Denn wie alle handwerklichen Arbeiten einmal schön waren, sei es aus bewußter Anstrengung oder unbewußt, so sind heute bei ihnen Kunstwerke und Nichtkunstwerke zu unterscheiden. Nichts, was Menschen hervorbringen, kann indifferent sein. Es muß entweder schön und erhöht oder häßlich und abfallend sich darstellen.

Und jene Dinge, die kunstlos sind, wirken aggressiv. Sie verletzen das Künstlerische durch ihr Vorhandensein. Sie verletzen uns durch ihre Existenz. Sie sind nun derart in der Mehrzahl, daß wir nach Kunstwerken suchen müssen, während die anderen Dinge gewöhnlich die Gefährten unseres Alltags sind. Nicht länger ist es möglich, sich mit seinen besonderen Fähigkeiten abzuschotten, sich mit hoher Kultur zu umgeben und abseits des anderen glücklich zu leben. Wer das versucht, wird bald feststellen: er lebt in einem Land des Feindes. Nur eine Wendung des Kopfes, und er wird auf etwas treffen, was sein geschultes Auge und seine wissenden Sinne verletzt. Es bleibt ihm nichts anderes übrig, als am allgemeinen Unbehagen teilzunehmen – und ich bin froh darüber.

So stehen die Dinge. Von den frühesten Anfängen der Geschichte bis in die modernen Zeiten erfüllte Kunst, von der Natur dazu ausersehen, den Zweck, alle Menschen zu trösten. Alle Menschen hatten an ihr teil; das war es, was das Leben romantisch machte, wie die Menschen es in jenen Tagen zu nennen pflegten, dies, und nicht die Räuber-Barone oder unzugängliche Könige mit ihrer Hierarchie unterwürfiger Adliger und ähnlicher Blödsinn.

Aber Kunst wuchs und wuchs, sah Reiche versinken und versank mit ihnen, wurde wieder heil und wirksam und war am Ende groß und voller Vertrauen, alles zu erobern. Sie brachte die materielle Welt unter ihre Herrschaft.

Dann aber kam eine Veränderung in einer Periode größter Lebendigkeit und Hoffnung in Europa. So groß und weitgespannt waren die Erwartungen, daß die Menschen diese Epoche die Zeit der Neugeburt nannten.

Was die Künste angeht, so bestreite ich, daß diese Zeit diesen Titel verdient. Es scheint mir vielmehr, daß die großen Männer, die damals lebten und die Ausübung der Künste verherrlichten, Erben von etwas Altem waren und nicht so sehr Gestalter einer neuen Ordnung der Dinge.

Aber eine aufregende und hoffnungsvolle Zeit war es wohl, und viele Dinge wurden neugeboren, die seither hinreichend Früchte getragen haben. Seltsam ist nur und bestürzend, daß von diesen Tagen an durch Verwirrung und Fehler einerseits Privilegien und die Exklusivität mancher Dinge aufgehoben wurden, während die Kunst ihrerseits zum exklusiven Vorrecht weniger geworden ist, daß dem Menschen damals sein Geburtsrecht in dieser Beziehung abhanden kam.

Jene, die dieses Übel heraufbeschworen, und jene, die darunter zu leiden hatten, handelten unbewußt. Völlig unbewußt – ja, aber so ist es nun nicht länger. Darin liegt der Stachel und zugleich auch die Hoffnung. Als die Helligkeit der sogenannten Renaissance verblich – und sie verblich plötzlich –, legte sich ein tödlicher Kältehauch auf die Künste. Diese Neugeburt bedeutete weitgehend eine Rückschau in vergangene Zeiten, in denen die Menschen jener Tage die Vervollkommnung der Künste zu erkennen meinten, jedenfalls eine Kunst, die nach ihrer Vorstellung von anderer Art war als die rohere, suggestive Kunst ihrer Väter. Diese Vollkommenheit wollten sie nachahmen. Dies allein schien Kunst für sie. Der Rest war Kinderkram. So wundervoll war die Energie, ihr Erfolg so groß, so abgetan jeder Zweifel unter durchschnittlichen Geistern und erst recht unter den großen Meistern, daß Vollkommenheit zu erreichen sei. Und wenn Vollkommenheit erreicht ist, was gibt es dann noch zu tun? Weiter geht es nicht. Es muß ein Stillstand kommen.

Die Kunst stand keineswegs still in den Zeiten der späten Renaissance. Vielmehr ging es mit ihr in schrecklicher Schnelligkeit bergab. Sie stürzte hinab zum Boden des Hügels, wo sie, wie verhext, lange zufrieden liegenblieb, immer noch in der Vorstellung befangen, sie sei die Kunst eines Michelangelo, während sie doch in Wahrheit die Kunst von Männern war, an die sich niemand erinnert, die nur ihre Bilder verkaufen wollten.

So erging es den meisten individuellen Arten von Kunst! Und die Volkskunst jener Länder, in denen die größere Kunst zur Blüte gelangt war – mit ihr ging es ebenfalls Schritt für Schritt bergab.

In etwas abgelegenen Regionen, wie zum Beispiel in England, spürte man immer noch den Einfluß des Lebens aus früheren und glücklicheren Tagen. Die Volkskunst lebte weiter, wenn auch mit schwacher Lebenskraft. Und man muß feststellen:

Weder konnte sie sich den Veränderungen äußerer Umstände entziehen, noch vermochte sie selbst Neues hervorzubringen. Ehe dieses Jahrhundert begonnen hatte, waren ihre letzten Funken verglüht.

Solange sie noch lebte, in welchem Maße auch immer, bewirkte sie doch, daß sich etwas regte bei jenen Dingen des täglichen Bedarfs, und sie befriedigte ein Verlangen nach Schönheit. Als sie tot war, merkten es die Leute lange nicht. Man könnte auch sagen: das, was an ihre Stelle getreten war, kroch in ihren toten Körper hinein. Ich spreche von jener Pseudokunst, die von Maschinen gemacht wird, wenngleich es sich bei den Maschinen manchmal auch um Menschen handelt, die zu Maschinen geworden sind. Davon abgesehen, schon ehe sie tot war, war sie so tief gesunken, daß sie von jedem vernünftigen Menschen nur noch mit Verachtung behandelt wurde. Bald hatte die gesamte zivilisierte Welt vergessen, daß es einst eine Kunst gegeben hatte, *gemacht vom Volk für das Volk, zur Freude der Hersteller und der Benutzer.*

Aber nun scheint es mir, daß die Raschheit des Wandels uns trösten sollte, daß wir den Bruch in der Kontinuität der goldenen Kette nur als einen Zwischenfall betrachten sollten, bei dem es nicht bleiben wird. Denn überlegen Sie einmal, wieviel tausend Jahre es her ist, seit der Mensch der Vorgeschichte mit einem Feuerstein die Geschichte jenes Mammuts einritzte, das er beobachtet hatte, oder uns von dem langsamen Heben der mit Geweihen schwer beladenen Köpfe der Rentiere, die er getroffen hatte, erzählte.

Denken Sie an den Zeitraum, der dann verstrich bis zum ersten Dämmern jener Helligkeit in der italienischen Renaissance! Hingegen sind seit den Tagen, in denen volkstümliche Kunst starb, bis zu uns gerade zweihundert Jahre vergangen.

Merkwürdig auch, daß der Tod von etwas immer zeitgleich mit der Neugeburt von etwas anderem ist. Denn aus all der Verzweiflung erwuchs eine neue Hoffnung durch die Fackel der Französischen Revolution, und die Dinge, die daniederlagen durch die Ermattung der Kunst, erhoben sich erfrischt und verkündeten ihre Neugeburt.

Als gute, ernsthafte Dichtkunst wurde neugeboren, was unter den Händen kriecherischer Versemacher zu einem elenden Jargon herabgewürdigt worden war, dessen Bedeutung, wenn es so etwas wie eine Bedeutung überhaupt gab, nicht ohne Übersetzungshilfen erkenntlich wurde.

Nun aber floß die englische Sprache wieder klar, rein und einfach in der Musik eines Blake und

Coleridge, um nur zwei Namen zu nennen, die den frühesten Zeitpunkt jener Veränderung markierten, welche in unserer Literatur seit den Zeiten Georgs II. vor sich gegangen ist.

Mit dieser Literatur, in der das Romantische gleichbedeutend ist mit Menschlichkeit, kam auch ein Gefühl für die Romantik der äußeren Natur auf, das jetzt gewiß bei uns stark ausgeprägt ist. Es ist verbunden mit dem Wunsch, etwas über die Wirklichkeit der Menschen, die vor uns lebten, zu erfahren. Die Verbindung jener Gefühle findet ihren deutlichsten Ausdruck in den Werken von Walter Scott. Es ist merkwürdig mit anzusehen, wie manchmal bei einem Revival, einer Wiederbelebung, die eine Kunst hinter der anderen dreinhinkt.

Der Mann, der sich einerseits in ›Herz von Midlothian‹ eines keine Schranken kennenden Naturalismus bedient, scheint sich andererseits seiner Vorliebe für gotische Architektur zu schämen und entschuldigt sich für sie. Er spürte: das war romantisch. Er spürte auch, daß er selbst Vergnügen dabei empfand, aber irgendwie hatte er nicht herausgefunden, daß das Kunst war. Man hatte ihn gelehrt, daß Kunst nur etwas sein könne, was von einem namhaften Mann nach akademischen Regeln geschaffen worden ist. Ich brauche mich bei der Veränderung, die seither vor sich gegangen ist, vielleicht nicht allzu lange aufzuhalten. Sie alle wissen, daß die Krone der Künste, die Kunst der Malerei, eine Revolution durchlief.

Es bereitet mir echte Schwierigkeiten, von Männern zu reden, die meine persönlichen Freunde sind. Dennoch geht es nicht an, daß ich nichts über sie sage. Also muß ich mich an die einfache Wahrheit halten. Sie sieht so aus: Nie im Verlauf der Geschichte der Kunst gelang es Männern auf solche Weise wie bei dieser Gruppe, aus nichts etwas zu machen. Dieses kleine Grüppchen brachte es fertig, die bildende Kunst Englands von dem, was sie war, als ich mir als Junge die Ausstellungen in der Königlichen Akademie anschauen ging, zu dem zu machen, was sie heute ist.

Es wäre undankbar gegenüber jemandem, der mich so viel gelehrt hat und dessen Gedanken in meinen Ausführungen als Echo vorhanden sind, wollte ich nicht den Namen von John Ruskin erwähnen, wenn ich über den Gezeitenwechsel berichte, wenn ich von einer Bewegung spreche, die nun wieder zur Kunst hinläuft.

Es ist wahr: Gleichgültig, welchem Thema er sich zugewandt haben würde, sein Stil, der unübertroffen ist, und seine wunderbare Beredsamkeit hätten ihm gewiß immer bei all jenen Gehör verschafft, die Literatur zu schätzen wissen. Der Einfluß, den er auf kultivierte Menschen ausübte, muß das Resultat dieses Stils gewesen sein. In seiner Eloquenz drückte er nur aus, was in den Köpfen vieler anderer spukte. Er hätte nicht das schreiben können, was er schrieb, wären die Leute nicht schon aufnahmebereit gewesen.

Gleichermaßen hätten diese Maler nicht vor dreißig Jahren zu jenem Kreuzzug gegen Dumpfheit und Unfähigkeit aufbrechen können, wenn nicht eine gewisse Hoffnung bestanden hätte, daß eines Tages die Leute auch begreifen würden, was sie da anstießen.

Wir sind nun der Meinung, daß der Gewinn seit diesem Umschlag der Gezeiten eben darin besteht: Es gibt jetzt einige wenige Künstler, die die zersprungene goldene Kette wieder aufgenommen haben; es gibt einige sensibilisierte Menschen, die begreifen, was es damit auf sich hat, darüber hinaus gibt es im Ausland ein vages Gefühl der Unzufriedenheit über die unerträgliche Häßlichkeit, die uns umgibt. Dies scheint mir ein Fortschritt, den wir seit dem Absterben volkstümlicher Kunst unter uns beobachten können, und ich behaupte gar nicht, in Betracht ziehend, wo wir damals standen, daß dies nicht sogar schon ein großer Fortschritt wäre; denn muß auch die Schlacht noch gewonnen werden, sind doch viele bereits zu ihr angetreten.

Es wäre eine seltsame Schande für dieses Zeitalter, wenn dies nicht der Fall wäre. Denn jede Zeit der Welt hat ihre eigenen Probleme, die sie verwirren, ihre eigenen Narrheiten, aber zu jeder Zeit gibt es bestimmte Aufgaben, die erledigt werden müssen und auf die durch unübersehbare Zeichen hingewiesen wird. Es ist feige und töricht, wenn die Kinder eines bestimmten Zeitalters sagen: Wir wollen uns die Hände nicht mit Arbeit schmutzig machen. Wir sind an den Problemen nicht schuld. Wir werden uns deswegen auch nicht abplagen, für sie eine Lösung zu finden. Auf diese Weise häufen sie nur ihren Nachfahren eine Last auf, die diese überfordert.

So jedenfalls verfuhren unsere Väter mit uns nicht, die von früh bis spät schafften und uns jene Masse Volk hinterließen, so schrecklich lebendig und energieerfüllt, die wir das moderne Europa zu nennen geneigt sind. So verfuhren mit uns jene nicht, die unsere Gegenwart schufen, fruchtbar für Veränderungen und Erwartungen.

Wenn Menschen den Jahrhunderten Beinamen gäben, würde unser Jahrhundert, das jetzt zu Ende geht, das Jahrhundert des Handels genannt werden, und ich unterschätze gar nicht die Arbeit, die es geleistet hat. Es hat viele Vorurteile niedergeworfen und hat viele Lehren erteilt, die die Welt bis dahin nur langsam zu lernen geneigt war. Es hat für viele Menschen die Möglichkeit geschaffen, frei zu leben, die zu anderen Zeiten Sklaven mit ihrem Körper oder mit ihrer Seele oder beides gewesen wären.

Wenn sich auch nicht in so vollkommenem Maße Frieden und Gerechtigkeit in der Welt ausgebreitet haben, wie man dies gegen Ende der ersten Hälfte des Jahrhunderts vielleicht erwartete, so hat es doch wenigstens in vielen ein neues Verlangen nach Frieden und Gerechtigkeit wachzurufen verstanden. Seine Arbeit war gut und reichlich, aber vieles war grobe Arbeit, den Bedürfnissen entsprechend. Verwegenheit ging zu oft Hand in Hand mit Energie. Blindheit war zu oft die Folge der Hast, so daß genug Arbeit für das nächste Jahrhundert übrigbleiben mag, um die ärgsten Fehler der Verwegenheit zu beseitigen und den Unrat wegzuräumen, der durch zu hastige Arbeit sich aufgetürmt hat. Aber selbst wir, die wir in der zweiten Hälfte des letzten Viertels dieses Jahrhunderts leben, sollten etwas tun, um dieses Haus wieder in Ordnung zu bringen.

Sie in dieser großen, berühmten Stadt zum Beispiel, die Sie soviel mit diesem Jahrhundert des

Handels zu tun gehabt haben: Ihre Gewinne sind augenscheinlich für jeden, aber auch der Preis, der dafür gezahlt wurde, ist für viele einsichtig, am besten bestimmt für Sie selbst.

Ich will nicht sagen, daß der Gewinn die Opfer nicht wert gewesen wäre, die gebracht werden mußten. Ich weiß sehr wohl, daß es England und der Welt schlecht anstünde, das Birmingham von heute gegen das Birmingham des Jahres 1700 einzutauschen, aber gewiß ist auch dies: Wenn das Gewonnene mehr als ein Spott sein soll, können Sie sich nicht mit dem Gewinn zufriedengeben oder bloß fortfahren, weitere Gewinne zu machen.

Nichts kann mich davon überzeugen, daß der gegenwärtige Zustand Ihres ›Black Country‹ dort drüben eine unveränderbare Notwendigkeit Ihres Lebens darstellt. Solche Mißstände wie dieser begannen und entwickelten sich aus reiner Gedankenlosigkeit, und der hundertste Teil jener Energie, die dabei vertan wurde, sie zu schaffen, würde ausreichen, sie auch zu beseitigen. Würden wir uns alle nicht mit dem gemeinen Wort ›nach mir die Sintflut‹ zufriedengeben, es müßte kein müßiger Traum sein, zu hoffen, daß unser schönes Midland-Gebirge und die Felder wieder grün würden, und zwar ohne daß man sie deswegen entvölkern müßte, oder daß die einst so lieblichen Täler Yorkshires im ›schwarzen Wolldistrikt‹ mit ihren rollenden Hügeln und edlen Flüssen statt Hundelöchern aus dem Jahrhundert des Handels wieder menschenwürdige Behausungen einschlössen. Die Menschen werden sich nicht die Mühe machen oder das Geld für die Reformen aufwenden, weil sie das Übel, das unter ihnen lebt, gar nicht mehr spüren, weil sie zu etwas, das weniger ist als ein Mensch, degradiert worden sind, weil sie aufgehört haben, in angemessener Weise an Kunst teilzuhaben.

Denn noch einmal muß ich auf das verweisen, worum sich Arm und Reich betrogen sehen: Man kann heute einen feinsinnigen und hochgebildeten Mann treffen, der in Italien und Ägypten gewesen ist oder ich weiß nicht wo noch, der gelehrt genug und auch fantastisch genug über Kunst daherredet, der mehr als genug Werke der Literatur und bildenden Kunst aus der Vergangenheit besitzt, sich aber andererseits ohne die geringste Spur von Mißbehagen in einem Haus niederläßt, das samt seiner Umgebung geradezu brutal, vulgär und widerlich ist. All seine Bildung vermag ihn in diesem Punkt offenbar nicht zu sensibilisieren.

Wahrheit ist, daß in der Kunst und in anderen Dingen die sorgfältige Bildung von wenigen nicht einmal eben diese wenigen dem Zugriff jenes Übels entzieht, das die Ignoranz der großen Massen ausmacht.

Der Mangel an Kunst oder besser die Ermordung der Kunst in unseren Straßen durch den Fluch des Schmutzes aus einer Umwelt, in der die Menschen der Unterschicht leben, hat sein Gegenstück in der Öde und Vulgarität der Wohnviertel der Mittelklasse sowie in der doppelt destillierten Öde und der kaum geringeren Vulgarität der Umwelt der Reichen.

Ich sage, es ist dies, wie es sein sollte. Es ist gerecht und fair so. Außerdem haben die Reichen ihren Luxus und werden sich erst regen, wenn es sie zwackt.

Aber wie und in welche Richtung sollten sie, wir und alle sich bewegen? Was ist die Lösung? Welch anderen Ausweg gibt es für die üblen Fehler der Zivilisation als abermals mehr Zivilisation? Sie glauben doch nicht etwa, daß wir in dieser Richtung so weit gegangen sind wie möglich... selbst in England, meine ich! Wenn irgendeine Veränderung eintritt – und dies wird vielleicht rascher geschehen, als viele Leute denken –, dann wird bestimmt Bildung in Qualität und Quantität zunehmen. Also wird vielleicht auf das Jahrhundert des Handels im

20. Jahrhundert ein Jahrhundert der Bildung folgen. Daß es eine Art von Bildung sein wird, die nicht dort endet, wo Menschen die Schule verlassen, ist ein Gemeinplatz. Aber wie kann man tatsächlich Menschen bilden, die das Leben von Maschinen führen, die nur während der paar Stunden, in denen sie nicht arbeiten müssen, dazu in der Lage sind zu denken, die, um es verkürzt zu sagen, fast ihr gesamtes Leben damit verbringen, eine Arbeit zu verrichten, die nicht dazu geeignet ist, daß sich ihr Körper und ihr Bewußtsein in angemessener Weise entwickeln?

Man kann keine Bildung vermitteln, man kann Menschen nicht zivilisieren, wenn man sie nicht an Kunst teilhaben läßt.

Zugegeben, es ist, so wie die Dinge nun einmal stehen, schwierig, jedem Menschen seinen Anteil an Kunst zukommen zu lassen. Die Menschen vermissen ja nichts, sie fragen auch nicht danach, und unmöglich wie unsere Zustände nun einmal sind, sollen sie dergleichen auch gar nicht vermissen oder danach fragen.

Trotzdem, alles hat seinen Anfang, und viele große Dinge haben sehr klein begonnen. Diese Ideen breiten sich im Ausland schon aus, deshalb sollten wir uns von dem großen Gewicht dessen, was wir bewegen müssen, nicht allzusehr entmutigen lassen. Wir haben lediglich unseren Teil zu einer solchen Bewegung beizusteuern, und wenn auch in jedem einzelnen Fall der Beitrag nicht groß sein muß, so wird er doch notwendig sein. Lassen Sie uns deshalb arbeiten und nicht aufgeben. Denken Sie daran, daß es in zweifelhaften Zeiten natürlich und deshalb auch entschuldbar ist, am Erfolg zu zweifeln; aber solche Zweifel nicht zu überwinden und nicht weiterzumachen, das wäre Feigheit und unverzeihlich. Kein Mensch hat das Recht, zu behaupten, alle Anstrengungen seien vergeblich gewesen, all jenes der Sache getreue, unnachgiebige Bemühen derer, die vor uns kamen, habe zu nichts geführt, die Menschheit bewege sich immer nur im Kreis.

Kein Mensch hat ein Recht, dies zu behaupten, am Morgen aufzustehen, zu essen, sich abends ins Bett zu legen, während sich andere Menschen dafür schinden müssen, damit er sein Leben des Müßiggangs fortsetzen kann.

Gewiß wird dieser oder jener Ausweg aus der Verwirrung gefunden werden, selbst wenn die Dinge sich uns heute tatsächlich sehr verwirrend darbieten. Und seien Sie gewiß, daß dann unsere Arbeit ihre Früchte tragen wird, wenn wir sie nur getreu unseren Prinzipien, also mit Sorgfalt und Bedacht, ausführen.

So sage ich es noch einmal: Wenn eine Zivilisation eine falsche Entwicklung genommen hat, liegt das Heilmittel nicht darin, stillzustehen, sondern auf eine vollkommenere Zivilisation hinzuarbeiten.

Was immer man über dieses oft benutzte und oft mißbrauchte Wort sagen kann, ich glaube, alle, die mir zuhören, werden mit mir von ganzem Herzen einer Meinung sein und damit nicht nur vorhaben, konventionelle Phrasen wiederzukäuen: Eine Zivilisation, die nicht für das ganze Volk da ist, ist dem Untergang geweiht und muß einer anderen Platz machen, die dieses Ziel wenigstens anstrebt.

Wir sprechen von der Zivilisation der alten Völker, von der klassischen Zeit. Nun, zivilisiert waren diese Völker ohne Zweifel, wenigstens waren es einige unter den Menschen damals. Ein Bürger von Athen zum Beispiel führte ein einfaches, würdiges, fast vollkommenes Leben. Die Schattenseite dieses Glücks war das Leben der Sklaven, und die Zivilisation der Alten beruhte auf Sklaverei.

Tatsächlich stellten diese alten Gesellschaften ein Modell der Welt dar. Sie zeigten uns, welche Segnung Freiheit im Leben und Denken bedeutet. Selbstbeschränkung und umfassende Bildung – all dies sind Errungenschaften der freien Menschen im Altertum. Aber sie behielten diese Errungenschaften für sich. Dazu war sich kein Tyrann zu schade, dazu war kein Vorwand zu fadenscheinig: Man versklavte die Enkel der Männer von Salamis und den Thermopylen. Deswegen brachten die Nachkommen jener ernsthaften und unter so großer Selbsteinschränkung lebenden Römer, die alles für den Ruhm des Gemeinwesens hinzugeben bereit gewesen wären, jene Monster an Ausschweifungen und wahnwitziger Verrücktheit hervor. Deswegen stürzte über den kleinen Knoten galiläischer Bauern das ganze Imperium.

Die alten Zivilisationen waren untrennbar mit der Sklaverei verbunden, und sie fielen. Die Barbarei, die an ihre Stelle trat, hat uns von der Sklaverei errettet und war die Voraussetzung für das Entstehen der modernen Zivilisation, und diese steht nun vor der Alternative eines nie innehaltenden Wachstums oder ihrer Zerstörung, die in sich die Saat eines weiteren Wachstums enthalten würde.

Es gibt einen schrecklichen Begriff für einen schrecklichen Tatbestand. Ich muß mich immer erst zwingen, ihn zu benutzen. Der Begriff lautet: Residuum oder Rückstand. Er hat, seit der Zeit, als ich ihn zum ersten Mal jemanden benutzen hörte, eine schreckliche Bedeutung für mich erlangt, und ich fühle im tiefsten Herzen, daß, sofern Residuum ein notwendiger Teil der modernen Zivilisation ist – wie manche Leute offen, andere mehr stillschweigend meinen –, wir davon ausgehen müssen, daß diese Zivilisation ein Gift in sich trägt, das sie einmal zerstören wird, so wie ihre ältere Schwester zerstört worden ist. Wenn Zivilisation nichts weiter als dies bedeutete, wäre es besser, es hätte sie überhaupt nicht gegeben. Wenn sie nicht darauf abzielt, das Elend abzuschaffen und einen gerechten Anteil an Glück und Würde *allen* Menschen zu geben, die sie hervorgebracht hat, so verbraucht sie nur unermüdlich Energie, ist sie nichts weiter als organisierte Ungerechtigkeit, ein bloßes Instrument der Unterdrückung, schlimmer als die alte Zivilisation insofern, als ihre Versprechungen und Ansprüche hochgestimmter sind, ihre Sklaverei sich nicht so offensichtlich abspielt, ihre Herren schwerer zu stürzen sind, weil sie nämlich von der dichten Masse eines allgemeinen Wohlbefindens und einer dumpfen Zufriedenheit gestützt werden. Gewiß darf das nicht sein. Sicherlich gibt es ein bestimmtes Gefühl hinsichtlich dieser Ungerechtigkeit. Wenn nun das Residuum alle Anstrengungen der modernen Zivilisation zunichte macht, sich über das bloße Geldmachen und die Bevölkerungsvermehrung zu erheben, besteht die Schwierigkeit, sich mit ihm auseinanderzusetzen eben darin, daß es sich um die Erbschaft aus dem Zeitalter von Gewalt und bewußter brutaler Ungerechtigkeit handelt und in unserem Jahrhundert Hast und Blindheit dazugekommen sind. Gewiß sind alle, die an die Zukunft der Welt denken, auf die eine oder andere Art damit beschäftigt, diese Schande loszuwerden.

Dies ist nach meiner Überzeugung die Bedeutung und der Sinn dessen, was wir nationale Bildung nennen; mit der wir begonnen haben, die zweifellos schon ihre Früchte trägt, die noch mehr Früchte tragen wird.

Nicht in dem Sinn, daß die Leute dann dazu befähigt werden, noch mehr Geld zu scheffeln, sondern im Hinblick auf ihre Denkfähigkeit.

Welchen Effekt dies auf die Zukunft der Künste hat, kann ich nicht sagen, aber ich würde doch meinen, daß die Auswirkungen beträchtlich sein werden. Dann werden nämlich den Leuten Dinge aufgehen, die heute noch völlig vor ihnen verborgen sind. Dies wird sich nicht nur auf jene auswirken, die ganz direkt unter dem Übel der Ignoranz leiden, sondern auch auf solche, die es nur indirekt zu spüren bekommen – auf uns Gebildete. Eine große Welle aufblühender Intelligenz, und mit ihr viele natürliche Wünsche und Eingebungen, wird alle Klassen mitreißen und uns dazu zwingen, Dinge, die wir bisher als notwendige und ewige Übel angesehen haben, als nur zufällige und zeitlich vergängliche Gewächse einer vergangenen Dummheit zu betrachten, denen man durch Anstrengungen und Übung in Mut, durch guten Willen und Umsicht beikommen kann. Unter diese Übel fällt ganz gewiß auch jenes, welches ich zum größten aller Übel rechne, zu der unerträglichsten aller Sklavereien, jenes Übel, welches darin besteht, daß der größte Teil der Menschen während der meisten Zeit seines Lebens mit Arbeiten beschäftigt ist, die ihn bestenfalls nicht interessieren. Im schlimmsten Fall aber (und diese Situation ist fast allgemein) stellt es eine sklavenhafte Schufterei dar, die dem Menschen unter strengstem Zwang auferlegt ist – eine Mühe, der sich der Mensch – wen könnte dies wundern? – zu entziehen versucht, wann immer er kann.

Diese Schinderei macht aus Menschen etwas, das weniger ist als Mensch zu sein. Eines Tages werden die Menschen das wissen. Sie werden danach verlangen, wieder Menschen zu werden, und nur die Kunst kann ihnen zu der Erlösung aus dieser Sklaverei verhelfen.

Ich sage es noch einmal: Es ist das schönste und ruhmreichste Ende und Ziel der Menschheit, und es wird in diesem Kampf sein, daß sie sich selbst reinigt und sich der Vollkommenheit annähert. Aber wir sollten unterdessen nicht wartend herumsitzen und nach Zeichen für das Kommen dieser späten und ruhmreichen Tage auf Erden Ausschau halten, vielmehr sollten wir uns an die alltägliche, oft zermürbende Arbeit machen, diese Tage vorzubereiten. Nur so werden wir sie kommen sehen. Wir sollten unser Bestes geben, den Weg für ihr Kommen zu ebnen, damit diese Tage wenigstens anfangen, wenn wir sterben.

Was also können wir tun, die Traditionen vergangener Zeiten zu schützen, damit wir nicht eines Tages beim Nichts beginnen müssen? Was können wir tun, diesen Prozeß zu fördern, was können wir tun, um wenigstens ein Feld zu schaffen, auf dem Kunst gedeiht und herangewachsen ist, wenn Menschen einmal nach ihr verlangen werden? Was kann jeder von uns tun, um einen Keim von Kunst zu hegen, damit er neben anderen aufwächst, sich ausbreitet und schließlich daraus das entsteht, was wir als so dringend notwendig gekennzeichnet haben?

Zunächst einmal sind viele schöne alte Bauten in ganz Europa und in England deswegen zerstört worden, weil sie der Bequemlichkeit im Weg standen, während es doch nur ein wenig des Nachdenkens bedurft hätte, ohne daß die Bequemlichkeit hätte zu kurz kommen müssen. Aber davon einmal ganz abgesehen, meine ich: Wenn wir nicht bereit sind, etwas Unbequemlichkeit in unserem Leben auf uns zu nehmen, wenn wir jene Kunstdenkmäler, die nicht nur schön sind, sondern auch zu unserer Bildung beitragen könnten, einfach niederreißen, ist es eitel und sinnlos, andererseits überhaupt von der Notwendigkeit der Kunst und der Bildung zu sprechen. Aus solcher Brutalität muß neue Brutalität erwachsen.

Dasselbe trifft zu, wo alte Gebäude, die noch nahezu ihrem ursprünglichen Verwendungszweck dienen, erweitert, umgebaut oder aus Gründen der Bequemlichkeit sonstwie verändert werden. In fast allen Fällen geht es da lediglich um etwas Geld, soviel nämlich, um ein neues Grundstück erwerben zu können. Dann könnte nämlich das neue Bauwerk nach den Bedürfnissen und in einer Ausstattung, wie sie heute möglich ist, entstehen, während das alte Gebäude stehenbleiben könnte, um die Geschichte von Veränderung und Fortschritt zu erzählen, als Beispiel und Warnung für den Gebrauch der Künste. Derart würden die Bequemlichkeit, der Fortschritt und die Sache der Bildung gleichermaßen für wenig Geld zu ihrem Recht kommen.

Gewiß ist es wichtig, daß, während wir uns um eine Kunst von heute bemühen, von der es nie genug geben kann, auch ein gewisses Maß an Fürsorge, Umsicht und etwas Geld dazu verwandt wird, die Kunst vergangener Zeiten, von der es so wenig gibt und die nicht vermehrbar ist, wie auch immer man es anstellt, zu pflegen.

Kein Mensch, der mit der Zerstörung und der Verschandelung alter Gebäude einverstanden ist, hat ein Recht zu behaupten, er liebe die Kunst. Er begeht ein unentschuldbares Verbrechen. Er kann sich seinerseits auch nicht kritisch und anklagend gegen Zivilisation und Fortschritt wenden, weil er sich selbst brutaler Ignoranz schuldig macht. Ehe ich mich von diesem Thema abwende, muß ich noch ein paar Worte über eine merkwürdige Erfindung unserer Tage sagen, die Restauration genannt wird. Es handelt sich um eine Methode des Umgangs mit Kunstwerken vergangener Tage, die, wenngleich nicht ganz so erniedrigend wie der Geist der direkten Zerstörung, in ihren Auswirkungen auf den Zustand dieser Kunstwerke kaum viel besser ist. Ich kann diese Frage heute abend nicht erschöpfend untersuchen und muß es bei ein paar Behauptungen belassen: Alte Gebäude, die sowohl Kunstwerke wie auch Geschichtsdenkmäler sind, müssen mit größter Vorsicht behandelt werden. Die imitierende Kunst von heute ist und kann nicht dasselbe sein wie die alte Kunst und kann diese nicht ersetzen. Wenn wir diese dem Alten aufpfropfen, zerstören wir dieses als Kunst wie als Geschichtsdenkmal. Die natürliche Verwitterung der Oberfläche eines Gebäudes ist schön, ihre Beseitigung katastrophal.

Nun nehmen die Restauratoren einen genau entgegengesetzten Standpunkt ein. Sie meinen, daß jeder einigermaßen geschickte Architekt heute leichterhand mit den alten Arbeiten umgehen kann. Sie sind der Ansicht, daß, mag sich auch alles andere seit dem (sagen wir) 13. Jahrhundert verändert haben, die Kunst sich nicht verändert habe und unsere Arbeiter ohne weiteres Dinge hervorzubringen vermögen, die mit denen des 13. Jahrhunderts identisch sind. Letztlich behaupten sie, die verwitterte Fassade eines alten Gebäudes sei wertlos und man müsse sie so rasch wie möglich beseitigen.

Die Frage ist schwer zu erörtern, weil es zwischen Restauratoren und Anti-Restauratoren keine Gemeinsamkeiten gibt. Ich appelliere deswegen an die Öffentlichkeit und bitte diese zur Kenntnis zu nehmen, daß unsere Ansichten vielleicht falsch sein mögen, doch nehmen wir nicht unbedacht unseren Standpunkt ein. Man sollte diese Frage für eine Weile ruhen lassen. Sofern, wie wir das immer wieder verlangen, diese Baudenkmäler so behandelt werden, daß sie nicht einstürzen, kann man sie immer noch restaurieren, wenn das die Leute für richtig halten und sich unsere Meinung als falsch erwiesen hat. Aber wie lassen sich, sofern sich unser Standpunkt als richtig durchsetzt, restaurierte Gebäude noch restaurieren?

Deswegen plädiere ich dafür, daß man in dieser Frage so lange nichts unternimmt, bis unser Kunstwissen sich so differenziert hat, um eine auf Autorität beruhende Entscheidung treffen zu können.

Soviel ist gewiß, was immer auch die Rechtsanwälte behaupten mögen: diese Kunst- und Geschichtsdenkmäler gehören nicht einer Clique oder einem reichen Mann hier und dort. Sie gehören der Nation. Somit ist eine solche Bedenkpause durchaus richtig.

Die letzten Überreste des Lebens berühmter Männer und jener, die uns zeugten, können erwarten, daß wir hier etwas Geduld an den Tag legen. Die Fürsorge für unseren Besitz wird mühsam sein, aber es wird an anderer Stelle noch weit mehr Ärger geben. Ich muß nun von Besitztümern reden, die uns allen gemeinsam gehören sollten, von grünem Gras, von Blättern, von Gewässern, dem Licht und der Luft des Himmels – alles Dinge, mit denen das Zeitalter des Handels unerhört sorglos verfahren ist.

Es gibt unter uns einige reiche Leute, die sich merkwürdigerweise Fabrikanten nennen, darunter verstehen wir Kapitalisten, die andere Leute dafür bezahlen, damit diese Fabriken organisieren. Viele von diesen Herren kaufen Bilder und geben vor, sich für Kunst zu interessieren. Gleichzeitig verbrennen sie Kohle in beträchtlicher Menge. Es gibt ein Gesetz, welches gemacht wurde, um sie daran zu hindern, allzu dichte Rauchwolken auf die Welt auszuschütten. Nach meiner Ansicht ist dies ein sehr lahmes, parteiisches Gesetz, aber nichts würde die Kunstfreunde daran hindern, strenger zu verfahren, als es das Gesetz vorschreibt. Sie könnten es sich zur Ehre rechnen, die Luftverschmutzung auf ein Minimum zu beschränken, sofern ihre Fabriken betroffen sind. Und wenn sie das Geld, was es sie kosten würde, nicht bereit sind aufzubringen, so behaupte ich, ihre ganze Liebe zur Kunst ist nichts als Heuchelei. Wie kann man das Ebenbild einer Landschaft zu würdigen wissen, wenn einem die Landschaft selbst völlig gleichgültig ist?

Welches Recht haben diese Herren, mit schönen Farben und Formen sich in ihre Häuser einzuschließen, wenn sie es anderen unmöglich machen, diese Freuden mit ihnen zu teilen?

Was das Luftverschmutzungs-Gesetz betrifft, so weiß ich nicht, wie es hier in Birmingham angewendet wird, aber ich habe erlebt, wie es in anderen Orten zugeht. Nehmen Sie Bradford: Ganz in der Nähe, in Saltaire, findet sich ein Beispiel, von dem man meinen sollte, daß es andere beschäme, denn der hohe Schornstein, der zu den riesigen Flächen mit Web- und Spinnmaschinen des Sir Titus Salt gehört, macht nicht mehr Schmutz als ein gewöhnlicher Küchenschornstein. Oder nehmen Sie Manchester. Ein Herr sagte mir, daß dort das Gesetz nichts als ein toter Buchstabe sei. Nun, die Leute kaufen Gemälde in Manchester, und sie geben vor, etwas für die Künste tun zu wollen, aber das ist bloßes Geschwätz, sofern derlei von reichen Leuten geäußert wird. Sie reden nur von Kunst und wollen, daß man von ihnen redet. Ich habe damit von einem gewaltigen Ärgernis gesprochen, einer Art von Ärgernis, auf das sich jemand berufen könnte, falls es ihm in den Sinn käme, nicht vom Jahrhundert des Handels, sondern von einem Jahrhundert des Ärgernisses zu sprechen.

Ich wende mich nicht nur an das Gewissen der Reichen und Einflußreichen hier unter uns, sondern spreche auch von einem kleinen Ärgernis, das jeder von uns abstellen könnte.

Ich rede von Butterbrotpapieren ... nun lachen Sie. Aber wie denn, was denn, stimmt es denn etwa nicht, daß Sie, zivilisiert wie Sie alle sind, den Abfall Ihrer Picknicks in den Hügeln von Lickey und in den öffentlichen Parks herumliegen lassen? Ich weiß kaum, mit welchen Worten ich Ihr Lob singen soll. Wenn wir Londoner uns am Hampton Court erfreuen, wollen wir auch unbedingt jeden wissen lassen, daß wir etwas zu essen mithatten. Also sieht der Park außerhalb der Tore so aus, als habe es schmutziges Papier geschneit. Ich finde, ein jeder, der hier ist, könnte mir bei seiner Ehre versprechen, daß es mit dieser nachlässigen Angewohnheit endlich einmal ein Ende hat, die auf ihre Art durchaus mit der Luftverschmutzung zu vergleichen ist. Oder nehmen Sie die Unsitte, Namen auf Denkmäler zu kritzeln, Zweige von Bäumen abzureißen und dergleichen. Ich denke, es wird höchste Zeit, im Zusammenhang mit einer Wiederbelebung der Kunst sich über die täglich weiter wachsende Flut von Plakaten, die unsere Städte verschandeln, zu empören. Ich meine, der sicherste Weg, da eine Änderung herbeizuführen, wäre, von den dort angepriesenen Waren keine mehr zu kaufen. Ich kann nicht glauben, daß solche Waren viel wert sind, wenn es notwendig ist, sie so laut und marktschreierisch anzupreisen.

Und weiter. Ich frage Sie, wie verhalten Sie sich gegenüber Bäumen auf einem Bauplatz? Versuchen Sie, sie zu retten und Ihr Haus den Bäumen anzupassen? Begreifen Sie, welche Schätze Bäume für die Stadt oder den Vorort darstellen? Welche Augenweide Bäume verglichen mit jenen gräßlichen Hundehütten sind, mit denen Sie wahrscheinlich (verzeihen Sie mir) dieses Grundstück überbauen werden?

Ich frage das zornig und mit Trauer, denn es wird nicht mehr lange dauern, und es gibt in London und seinen Vororten nichts mehr als nacktes Pflaster. Ich glaube wirklich, daß fast jeder von Ihnen schockiert wäre, wenn ich Ihnen einige dieser Bäume zeigte, die in jenem Vorort, in dem ich lebe, gedankenlos umgebracht worden sind, darunter auch einige jener großartigen Zedern, für die diese Gegend (Hammersmith) entlang des Flusses einmal berühmt war. Aber auch hier sieht man wieder einmal, wie hilflos jene sind, die sich im eilfertigen Jahrhundert des Handels um Kunst oder Natur sorgen.

Bitte, vergessen Sie auch nicht, daß jeder, der einen Baum mutwillig oder gedankenlos niederlegt, besonders in den großen Städten oder in den Vororten, kein Anrecht darauf hat, sich als Kunstkenner aufzuspielen.

Was mehr können wir tun, um uns und andere auf dem Pfad der Kunst voranzubringen, auf der Straße hin zu dem Zustand einer *Kunst, die hergestellt wird vom Volk für das Volk und zur Freude der Hersteller und Benutzer?*

Nachdem wir begriffen haben, was Kunst einmal war, nachdem wir uns vorgenommen haben, alte Kunstwerke als Freunde anzusehen, die uns etwas von vergangenen Zeiten berichten und deren Gesicht wir nicht zu verändern wünschen, nachdem wir Mühe und Geld aufgewandt haben für Dinge voll Würde, groß und klein, nachdem wir zu verstehen gegeben haben, daß uns Natur etwas bedeutet, selbst in den Vororten einer Großstadt – nachdem wir so weit gelangt sind, sollten wir jetzt über die Häuser, in denen wir leben, nachdenken. Denn ich muß Ihnen nun sagen: Solange Sie nicht entschlossen sind, auf eine gute und rationale Architektur zu setzen, bleibt Ihr Nachdenken über Kunst zwecklos.

Ich habe von Volkskünsten gesprochen. Man könnte sie alle unter dem Wort ›Architektur‹ zusammenfassen. Sie sind alle Teil eines größeren Ganzen, und die Kunst des Hausbaus steht dabei am Anfang. Wenn wir nicht färben oder weben können, wenn wir kein Gold noch Silber haben, weder Seide noch Pigmente für ein halbes Dutzend Ocker- und Umbraschattierungen, können wir doch mit einer wertzuschätzenden Kunst beginnen, die uns zu allem führt, sofern wir nur Bauholz, Steine, Kalk und ein paar Schneidwerkzeuge besitzen, um diese Dinge nicht nur in einen Schutz gegen Wind und Wetter zu verwandeln, sondern mit ihnen auch jene Gedanken und Vorstellungen auszudrücken, die uns beschäftigen.

Architektur führt uns zu all den Künsten der Menschen von früher. Wenn wir sie verachten, wenn wir nicht darauf achten, wie wir behaust sind, werden all diese anderen Künste auch einen schweren Stand haben.

Ich denke, selbst der größte Optimist wird nicht leugnen, daß es im allgemeinen um unsere Häuser schandbar bestellt ist. Da der größte Teil von uns in Häusern leben muß, die bereits gebaut sind, bleibt uns nicht viel anderes übrig als zu warten, bis sie einstürzen.

Nur müssen wir nicht die Schuld daran allein den Erbauern geben, wie das viele Menschen tun. Sie sind nur unterwürfige Diener. Sie bauen, was man sie bauen heißt.

Erinnern Sie sich bitte daran, daß reiche Leute nicht gezwungen werden, in häßlichen Häusern zu wohnen. Trotzdem tun sie es. Hier sehen Sie, wie Architekten und Bauunternehmer letztlich das tun, was von ihnen verlangt wird. Man kann, ausgehend vom Standard, behaupten: Wir wollen für unsere Häuser mehr den Schein als das Ding selbst. Wir wollen kleinbürgerlichen Luxus zur Schau stellen, wenn wir nicht reich sind.

Wir betreiben eine Zurschaustellung von beleidigender Dummheit, sofern wir reich sind. Und als Regel kann gelten: Wir wollen etwas, das aussieht, als habe es doppelt soviel gekostet, wie in Wirklichkeit dafür ausgegeben worden ist.

Unter solchen Bedingungen gibt es keine Architektur, deren Haupteigenschaften Einfachheit und Gediegenheit sind. Urteilen Sie selbst, ob es nicht so ist! Wie sehr gefällt uns bei einem alten Gebäude die Vorstellung, daß so viele Generationen von Menschen bereits darin gelebt haben. Wir denken an Freude und Leid, die sich darin abgespielt haben, selbst Verrücktheiten erfüllen uns nicht mit Abscheu. Immer noch sieht dieses Haus so freundlich aus, wie es schon damals auf Menschen gewirkt haben mag. Genau das Umgekehrte müßten wir bei einem neugebauten Haus empfinden, wenn es mit rechten Dingen zuginge. Wir sollten ein Gefühl von Vergnügen verspüren, wenn wir daran denken, daß der Bauherr ein Stück seiner Seele hineingegeben hat, das den Betrachter noch begrüßen wird, lange nachdem der Bauherr schon tot ist.

Aber was für Gefühle rufen neuerbaute Häuser tatsächlich bei uns hervor – nichts als die Hoffnung, sie in ihrer erniedrigenden Häßlichkeit möglichst bald wieder zu vergessen. Und wenn Sie mich fragen, wie wir für die Solidität zahlen sollen und ob sie nicht einen besonderen Aufwand bedingt, so scheint mir dies eine vernünftige Frage. Denn ich muß sofort jener Vorstellung als Täuschung widersprechen, die sich häufig einstellt. Man kann eben nicht einen Bau, der ein Kunstwerk ist, also vor allem gediegen gebaut, zum selben Preis haben wie ein Gebäude, das nur vorgibt, ein Kunstwerk zu sein.

Vergessen Sie nie, wenn von billiger Kunst im allgemeinen geredet wird, daß alle Kunst Zeit kostet, Mühe, Überlegung und daß Geld nur der Gegenwert ist, der diese Dinge repräsentiert.

Ich sollte jedoch versuchen, die Frage zu beantworten, von der ich gerade gesagt habe, ich hätte Verständnis dafür, wenn sie gestellt wird: Wie soll man ein anständiges Haus bezahlen? Es scheint mir, daß durch einen glücklichen Umstand der größere Aufwand, also die höhere Geldsumme, die nötig wird, durch etwas kompensiert werden kann, das allein populäre Kunst hervorbringen wird: Ich meine eine einfache Lebensführung.

Noch einmal sage ich es: Der größte Feind von Kunst ist Luxus. Kunst kann in einer luxuriösen Atmosphäre nicht gedeihen.

Wenn Sie von dem Luxus der Alten hören, sollten Sie daran denken, daß dieser Luxus nicht mit unserem Luxus gleichzusetzen ist. Es waren mehr einzelne Stücke von außergewöhnlicher Verrücktheit als das, was wir heute Luxus nennen, der vielleicht besser mit dem Wort Komfort charakterisiert werden sollte. Ich finde dieses Wort richtig und meine, daß ein Grieche oder Römer der luxuriösen Zeit höchst erstaunt dreinblicken würde, wenn er heute wieder aufwachen und die Einrichtungen in einem Haus eines wohlhabenden Mittelstandsbürgers sehen würde.

Aber einige, so weiß ich, meinen, daß die Verfügung über solchen Komfort gerade den Unterschied zwischen Zivilisation und Unzivilisiertheit darstelle. Ist das wirklich so? Dann ade alle Hoffnung. Ich hatte immer gemeint, daß die Zivilisiertheit etwas mit Frieden, Ordnung, Freiheit und Haß auf die Ungerechtigkeit und von daher mit einem Leben frei von feiger Furcht, aber voller Ereignisse zu tun habe. Davon bin ich immer ausgegangen, wenn ich an Zivilisiertheit gedacht habe. Es wäre mir nie in den Sinn gekommen, daß es nur um noch mehr Polsterstühle, mehr Kissen, mehr Teppiche, mehr Glas, um ausgefallene Spezialitäten beim Essen und Trinken und somit um eine noch schärfere Trennung zwischen den Klassen ginge.

Wenn dem aber so ist, dann möchte ich keinen Teil daran haben, sondern lieber in einem Zelt in der Persischen Wüste leben oder in einer Torfhütte in Island. Aber wie dem auch sei – und ich glaube, daß meine Ansicht die richtige Ansicht ist –, ich sage Ihnen, daß die Kunst diese Seite der Zivilisation wie die Pest haßt, daß sie nicht atmen kann, wenn Häuser unter solch vollgestopfter Sklaverei ächzen. Glauben Sie mir, wenn wir mit Kunst daheim ernst machen wollen, müssen wir unsere Häuser von allen ärgerlichen Überflüssigkeiten befreien, von den konventionellen Bequemlichkeiten, die keine wahre Bequemlichkeit bringen und nur Dienern und Ärzten Arbeit schaffen. Wenn Sie eine goldene Regel wollen, die für jeden paßt, so besteht sie in dem Satz: *Nehmen Sie nichts in Ihr Haus auf, das nicht entwe-*

der nützlich ist oder das Sie als schön ansehen! Wenn Sie diese Regel strikt anwenden, werden Sie zum ersten jenen, die Bauten errichten, zeigen, was Sie wirklich wollen, und Sie werden gewiß mehr Geld dafür ausgeben können, das Haus anständig zu bauen.

Vielleicht strapaziert es Ihre Geduld nicht allzusehr, wenn ich Ihnen hier meine Vorstellungen darüber darlege, welche Ausstattung ich für den Wohnraum eines gesunden Menschen für angemessen erachte: Ich meine ein Zimmer, in dem nicht gekocht wird, das nicht ständig als Schlafraum benutzt wird und in dem Sie auch keine Abfälle hervorbringende Handarbeit verrichten.

Zum ersten gehört in einen solchen Raum ein Bücherregal mit sehr vielen Büchern, als nächstes ein Tisch, der fest steht, wenn man daran schreibt und arbeitet. Sodann mehrere Stühle, die man verrücken kann, eine Bank zum Sitzen und Liegen und ein Schrank mit Schubladen. Weiter: Wenn der Schrank nicht sehr schön ist, bemalt oder geschnitzt, werden Sie Bilder haben wollen oder Drucke, sofern Sie sie sich leisten können, keine Lückenfüller, sondern wirkliche Kunstwerke an der Wand, sonst aber müßte die Wand selbst mit schönen und ruhigen Mustern verziert sein.

Wir brauchen auch eine Vase, in die man zwei Blumen stellen kann, letztere ist unerläßlich, vor allem, wenn man in der Großstadt lebt. Dann sollte es natürlich einen Kamin geben; bei unseren Witterungsverhältnissen dürfte er der wichtigste Gegenstand im Zimmer sein.

Das ist alles, vorausgesetzt, der Fußboden ist ordentlich, wo nicht, und das dürfte in einem modernen Haus mit ziemlicher Sicherheit der Fall sein, würde ich nichts gegen einen kleinen Teppich einzuwenden haben, vorausgesetzt, er läßt sich rasch zusammenrollen und innerhalb von zwei Minuten hinausschaffen. Wir sollten darauf achten, daß er schön ist, weil wir uns sonst ständig ärgern.

Sofern wir musikalisch sind und ein Klavier brauchen (in diesem Fall sind wir, was den Schönheitssinn angeht, schlecht dran), sollte dies alles sein, was wir uns an Möbeln wünschen. Wir können nur noch wenig zu diesen Notwendigkeiten hinzufügen, ohne uns selbst zu ärgern, uns bei der Arbeit, beim Nachdenken und Ausruhen zu behindern.

Wenn diese Gegenstände zu den Kosten hergestellt sind, zu denen Schönes und Solides gerade noch hergestellt werden kann, müssen sie nicht allzuviel kosten, und es sind ja so wenige Dinge, daß die, welche es sich leisten können, alle zu haben, es sich auch leisten sollten, einige Sorgfalt bei ihrer Auswahl aufzuwenden und keinen Kitsch mit hereinzubringen, nichts, was einen Menschen, der den Gegenstand herstellt und verkauft, eigentlich herabwürdigt. Ich bin ganz sicher, wenn wir uns so um Kunst bemühen würden, müßte dies einen großen Eindruck auf die Öffentlichkeit machen.

Diese Einfachheit können Sie nun so kostbar gestalten, wie es Ihnen gefällt. Andererseits: Sie können für Ihre Wände auch Tapeten wählen, statt sie weiß zu lassen. Sie können sie mit Mosaiken verzieren oder mit Fresken eines großen Malers: All dies ist kein Luxus, wenn es um der Schönheit willen geschieht und nicht nur, um damit anzugeben. Es verstößt nicht gegen die goldene Regel: *Nehmen Sie nichts in Ihr Haus auf, das nicht entweder nützlich ist oder das Sie als schön ansehen.*

Alle Künste gehen von Einfachheit aus. Je höher sich die Künste entwickeln, desto größer die Einfachheit. Ich habe von der Einrichtung eines Wohnhauses gesprochen, von einem Platz, an dem wir essen und trinken, an dem sich die Familie trifft; aber wenn Sie an Orte kommen, die die Menschen schön gestalten wollten, wegen des Ernstes und der Würde ihres Benutzungszweckes, werden Sie sehen, daß sie noch einfacher sind, daß kaum etwas in diesen Räumen vorhanden ist außer Wänden, die allerdings sehr schön sein können.

St. Markus in Venedig hat sehr wenig Mobiliar, viel weniger als die meisten römisch-katholischen Kirchen; deren liebenswerte und stattliche Mutter, St. Sophia in Konstantinopel, enthielt sogar vielleicht noch weniger, selbst als sie eine christliche Kirche war.

Aber wir brauchen nicht nach Istanbul oder nach Venedig zu fahren, um dies zu sehen. Gehen Sie in unsere mächtigen gotischen Kirchenschiffe. (Kann sich jemand von Ihnen daran erinnern, was er empfand, als er zum erstenmal eine solche Kirche betrat?) Achten Sie darauf, wie wir einen hohen, freien Raum als angenehm empfinden, wie er uns erhebt, selbst noch heute, da die Fenster und Wände ihre Ornamente verloren haben. Und dann denken Sie über die Bedeutung von Einfachheit und die Abwesenheit von Schnickschnack nach.

Nach alldem liegt für uns, die wir Kunst lernen wollen, der sicherste Weg, sie weiter voranzubringen, gleich um die Ecke: Kunst selbst ist es, die hilft, Kunst durchzusetzen. Jedes Stück Arbeit, das wir gut tun, hilft dieser Sache, jedes Stück, das nur auf Angabe beruht, nur halbherzig gestaltet ist, schadet ihr.

Die meisten von Ihnen, die versuchen, eine Kunst auszuüben, werden nicht lange brauchen, um festzustellen, ob sie begabt dazu sind oder nicht. Wo nicht, geben Sie den Versuch auf, oder Sie werden eine schlimme Zeit mit sich selbst durchzustehen haben und der Sache nur schaden. Aber haben Sie eine Begabung irgendwelcher Art, dann sind Sie glücklich dran, glücklicher als die Mehrzahl der Menschen, denn Ihre Freude und Ihr Vergnügen sind immer bei Ihnen. Diese Freude wird nicht abnehmen, sondern, sofern Sie Ihre Begabung benutzen, wird sie wachsen.

Wenn Sie nachts abgekämpft und erschöpft davon ins Bett fallen, so werden Sie doch am Morgen diese Lust wieder spüren, etwas zu tun, oder, wenn es ihnen am Morgen als eine Verrücktheit und närrisch erscheint, was sie da treiben, so brauchen Sie nur ein wenig weiterzuarbeiten, dann wird sich wieder Hoffnung einstellen, und Sie werden wieder glücklich sein. Während andere durch den Tag treiben wie Pflanzen, die in die Erde gesteckt worden sind, die die Richtung ihres Wachsens nicht ändern können, es sei denn, der Wind verhülfe ihnen dazu, wissen Sie, was Sie wollen, Ihr Wille ist am Werk, dies noch genauer einzukreisen, und Sie sind, was immer auch geschehen mag, ob Ihnen Freude oder Kummer widerfährt, damit jedenfalls noch lebendig.

Als ich letztes Jahr zu Ihnen sprach, überkam mich, als ich mich wieder hinsetzte, die Furcht, ich könnte in meinem Eifer zu bitter geworden sein. Ein unüberlegtes Wort, dachte ich mir, könnte manche von Ihnen entmutigen. Das habe ich freilich nicht gewollt. Was ich wollte, was ich jetzt will, ist, Ihnen das Ziel entschieden vor Augen zu stellen, jenes Ziel, nach dem zu streben es sich lohnt. Dieses Ziel ist die *Demokratie der Kunst,* die Veredlung der täglichen und gemeinen Arbeit, durch die eines Tages Hoffnung und Freude an die Stelle von Furcht und Pein treten werden. Hoffnung und Freude werden es dann sein, die den Menschen veranlassen zu arbeiten. Sie werden es sein, die die Welt in Gang halten.

Wenn ich keinen von Ihnen für dieses Tun gewonnen habe, dann mögen meine Worte zu unbedacht oder zu schwach gewesen sein, andererseits haben sie doch mehr Gutes bewirkt als geschadet. Ich glaube auch nicht, daß irgendeines meiner Worte jemanden entmutigen könnte, der sich dem Kampf für diese Sache angeschlossen hat oder bereit ist, sich ihm anzuschließen. Der Weg, den es dabei einzuschlagen gilt, ist klar. Jeder von uns kann an diesem Kampf mitwirken, ob er nun schwach oder stark ist.

Ich weiß sehr wohl, daß Menschen, aufgerieben durch die vielen Kleinigkeiten in diesem Kampf, an einen Punkt gelangen können, da ihre Geduld erschöpft, ihre Hoffnung zerronnen ist. Verständlich auch, daß sie sich dann im stillen nach jenen anderen Zeiten sehnen, in denen sich vielleicht zwar die Aufgaben auch nicht klarer darstellten, aber die Mittel, um sie zu lösen, noch einfacher waren. In solch erregenden Zeiten mag manch einer bereit gewesen sein, um Fehler und Rückschläge wettzumachen, für die große Sache sichtbar sein Leben hinzugeben.

Den spanischen Piken bei Leyden die Brust geboten, sein Schwert mit Oliver gezogen zu haben, dies mag uns in der Verwirrung des Heute als ein glückliches Schicksal erscheinen. Denn es ist schon eindrucksvoll, wenn ein Mensch sich dazu aufrafft zu sagen: Ich habe wie ein Narr gelebt, aber nun hat es ein Ende damit, und ich will wie ein Mensch sterben. Doch auch dies sollte klar sein: Nur wenige Menschen sterben gleich für eine Sache, ohne zuvor nicht erst einmal für sie gelebt zu haben. Und wenn dies das Äußerste ist, was von dem größten Menschen, der sich für eine Sache einsetzt, verlangt werden kann, so ist jenes das, worum man den einfachen Mann so leicht nicht bringen kann. Also ist für uns, die wir ein Ziel vor Augen haben, höchster Ehrgeiz und einfachste Pflicht in derselben Sache beschlossen.

Meist werden wir hinreichend damit beschäftigt sein, jene Arbeit zu tun, die vor uns liegt. Wir werden uns durch die Ungeduld, mit der wir nach einem großen, sichtbaren Fortschritt verlangen, nicht allzusehr erschüttern lassen. Aber da wir für eine Sache eintreten, muß immer Hoffnung in uns sein. Irgendwann einmal wird dies unsere Vision so antreiben, daß sie den langsamen Lauf der Zeit überholt. Dann wird jener siegreiche Tag anbrechen, an dem Millionen derer, die heute in der Dunkelheit sitzen, erleuchtet sein werden von einer Kunst, *hergestellt durch das Volk und für das Volk, zur Freude derer, die sie machen, und derer, die sie benutzen.*

FARBTAFELN

Stoff- und Tapetenmuster nach farbigen Entwürfen
von William Morris

WIE ICH EIN SOZIALIST WURDE

Vom Herausgeber darum gebeten, eine Art Geschichte meiner obenerwähnten Bekehrung zu schreiben, meine ich, daß es von einigem Nutzen wäre, wenn meine Leser mich dabei als typisch für eine bestimmte soziale Gruppe ansehen würden, dies aber wiederum nun auch nicht zu leicht, zu rasch und zu selbstverständlich. Ich werde versuchen, so vorzugehen: Zuerst will ich erklären, was ich unter einem Sozialisten verstehe, da man mir gesagt hat, daß dieses Wort heute nicht länger entschieden und mit Sicherheit dasselbe ausdrückt wie vor zehn Jahren.

Ich verstehe unter Sozialismus einen Zustand der Gesellschaft, in dem es weder Reiche noch Arme, weder Herrschende noch Beherrschte gibt, weder Müßiggänger noch Überarbeitete, weder hirnkranke Kopfarbeiter noch herzkranke Handarbeiter, mit einem Wort: eine Gesellschaft, in der alle Menschen unter gleichen Bedingungen leben, in der es zu keiner Verschwendung kommt und volle Klarheit darüber herrscht, daß die Beeinträchtigung der Rechte eines einzelnen die Beeinträchtigung der Rechte aller bedeutet. Damit wäre dann verwirklicht, was sich in dem Wort ›Commonwealth‹ ausdrückt, nämlich eben: ›gemeinsame Teilhabe am Reichtum‹.

Diese Auffassung von Sozialismus, der ich heute anhänge und von der ich erwarte, daß sie sich nun auch bis zu meinem Tod nicht mehr ändern wird, war bei mir sogleich vorhanden. Es gab da bei mir keine Übergangsperiode, es sei denn, ich wollte eine kurze Zeit politischen Radikalismus so nennen.

Schon zu dieser Zeit war ich mir über mein Ideal klar, sah aber keine Hoffnung, es je zu verwirklichen. Damit hatte es einige Monate später, als ich mich der sogenannten Demokratischen Föderation anschloß, ein Ende. Mein Beitritt zu dieser Vereinigung sollte zum Ausdruck bringen, daß ich nun Hoffnung auf die Verwirklichung meines Ideals sah.

Wenn Sie mich fragen, welches Maß an Hoffnung es braucht und wie viel wir Sozialisten, die sich damals engagierten, von der Veränderung der Gesellschaft in Richtung auf die Verwirklichung des Ideals noch erleben werden, muß ich antworten: Ich weiß es nicht.

Ich berechnete damals weder das Maß meiner Hoffnung noch die Freude, die aus ihr erwuchs. Was Wirtschaftslehre anging, so war ich, als ich diesen Schritt tat, so gut wie völlig unwissend.

Ich hatte mich nie ausführlich mit Adam Smith befaßt noch viel von Ricardo gehört oder von Karl Marx.

Merkwürdigerweise hatte ich einiges von Mill gelesen, zum Beispiel jene Schriften aus dem Nachlaß (veröffentlicht in ›Westminster Review‹, oder war es in ›Fortnightly‹?), in denen er den Sozialismus in seiner Fourierschen Spielart angreift. In diesen Aufsätzen vertritt er seine Argumente, soweit er sie entwickelt, klar und ehrlich.

Was mich betrifft, so war das Ergebnis, daß ich davon überzeugt wurde, der Sozialismus stelle eine notwendige Veränderung dar, und es werde möglich sein, diesen Wandel noch zu unseren Lebzeiten herbeizuführen. Diese Aufsätze gaben bei meiner Bekehrung zum Sozialismus den letzten Ausschlag. Nachdem ich dann einer sozialistischen Gruppe beigetreten war – denn die Föderation wurde bald entschieden sozialistisch –, machte ich mir ein Gewissen daraus, auch etwas über die wirtschaftliche Seite des Sozialismus zu lernen. Ich nahm mir sogar Marx vor. Am historischen Teil des ›Kapitals‹ hatte ich meine Freude. Bei der Wirtschaftslehre stand ich Todesqualen der Verwirrung durch. Immerhin, ich las, was ich konnte, und will hoffen, daß ich durch meine Lektüre einiges an Informationen in mich aufnahm. Weit mehr jedoch lernte ich durch ständige Gespräche mit solchen Freunden wie Bax, Hyndman und Scheu und durch den lebhaften Verlauf von Propagandaveranstaltungen, auf die ich zu dieser Zeit ging und auf denen ich auch anderen selbst Rede und Antwort stehen mußte.

So war es also um meine Bildung in praktischem Sozialismus bestellt.

Wie mich später, freilich ganz gegen ihre Absicht, meine anarchistischen Freunde davon überzeugten, daß Anarchismus unmöglich ist, so lernte ich von Mill, entgegen dessen Absicht, daß Sozialismus sein muß.

Ich habe, wie mir erst jetzt auffällt, bei der Darstellung meiner Annäherung an den praktischen Sozialismus eigentlich in der Mitte begonnen. Da ich ja in der Position eines wohlhabenden Bürgers war, der nicht unter jenem Mangel litt, der einen Arbeiter bei jedem Schritt, den er tut, bedrückt, wäre ich wohl nie mit der praktischen Seite dieser Sache konfrontiert worden, hätte mich nicht ein Ideal veranlaßt, mich ihr zu stellen.

Weder hat Politik als Politik, also um ihrer selbst willen und nicht betrachtet als notwendiges, wenn auch mühsames und häßliches Mittel, das eingesetzt werden muß, um ein bestimmtes Ziel zu erreichen, mich je besonders interessiert, noch glaubte ich, als ich um die Mißstände der Gesellschaft, wie sie hier und heute ist, und um die Unterdrückung der Armen wußte, an die Möglichkeit einer *teilweisen* Überwindung dieser Übel. Mit anderen Worten: Ich war nie so närrisch zu meinen, es könne so etwas wie glückliche und ›wohlanständige‹ Arme geben.

Mein Ideal war es also, was mich veranlaßte, nach dem praktischen Sozialismus Ausschau zu halten. Aber was, um weiter zu fragen, zwang mich überhaupt, ein Ideal zu haben?

Hier wird wichtig, was ich zu Anfang über meine Zugehörigkeit zu einer bestimmten gesellschaftlichen Gruppe und deren Bewußtseinszustand gesagt habe.

Vor Aufkommen des modernen Sozialismus waren alle intelligenten Menschen mit der Zivilisation dieses Jahrhunderts ganz zufrieden oder meinten dies zumindest. Um es noch einmal zu wiederholen: Alle waren soweit zufrieden und meinten, eigentlich gelte es lediglich, die bestehende Zivilisation von ein paar lästigen Überbleibseln aus barbarischen Zeiten zu befreien. Verkürzt ausgedrückt: So sah das Bewußtsein der Liberalen aus, das Bewußtsein der modernen, wohlhabenden Mittelklasse.

Diese meinte in der Tat, was den technischen Fortschritt angehe, so bleibe kaum etwas zu wünschen übrig, wenn sie nur der Sozialismus ungestört gewähren lasse, sich eines Lebensstils des Überflusses zu erfreuen.

Aber außer diesen Zufriedenen gab es andere, die nicht wirklich zufrieden waren. Sie fühlten sich zurückgestoßen angesichts des Triumphs dieser Zivilisation, sahen sich aber zum Schweigen verurteilt durch die uneingeschränkte Macht der Liberalen.

Schließlich gab es dann noch einige wenige, die offen gegen eine solche Art von Liberalismus rebellierten. Ein paar, sage ich und denke namentlich vor allem an zwei, nämlich an Carlyle und Ruskin. Letzterer war, ehe ich mit dem praktischen Sozialismus in Berührung kam, so etwas wie mein Mentor – der Mann, der das obenerwähnte Ideal in mir aufrichtete.

Zurückblickend kann ich nicht umhin zu erwähnen, wie überaus langweilig die Welt vor zwanzig Jahren gewesen wäre, hätte es Ruskin nicht gegeben. Ich verdanke es ihm, daß ich mir über die Art meines Mißvergnügens genauer klar wurde, daß mein Protest nicht länger eine vage Ablehnung blieb.

Abgesehen von dem Verlangen, schöne Dinge herzustellen, worin die in meinem Leben vorherrschende Leidenschaft besteht, entwickelte ich nun Haß auf die moderne Zivilisation.

Warum lange darüber reden, da mir die Worte im Munde steckenbleiben! Ich hoffte auf die Zerstörung dieser Zivilisation. Und dann trat an die Stelle dieses Hasses der Sozialismus.

Warum sich lange bei einer Zivilisation aufhalten, in der die Beherrschung der technischen Kräfte als höchstes Gut gilt, bei der die Verschwendung dieser Kräfte ebensolche Bestürzung hervorrufen sollte wie die in ihr um sich greifende Verkümmerung der gemeinsamen Teilhabe aller am Reichtum und die Ausprägung wahnwitziger Organisationsformen! Warum noch lange reden von der Verachtung der einfachen Vergnügen, derer sich jeder erfreuen könnte? Über ihre blinde Vulgarität, die die Kunst zerstört hat und den einzigen uns immer gewissen Trost, wie er uns aus der Arbeit erwachsen kann? All dies fühlte ich damals wie heute, aber ich wußte nicht, warum es so war.

Die Hoffnung vergangener Zeiten war verflogen, der Kampf der Menschheit über viele Epochen hin hatte nichts als schmutzige, ziellose und häßliche Verwirrung hervorgebracht. Die unmittelbare Zukunft schien nun all die gegenwärtigen Übel noch zu vermehren, indem sie die letzten Überreste aus den Tagen vor einer Zivilisation des Schmutzes hinwegfegte.

Wenn ich mich hier auch einmal als Einzelwesen und eben nicht als repräsentativ für eine bestimmte soziale Gruppe ins Spiel bringen darf: Das waren in der Tat trübe Aussichten für einen Mann mit meiner Disposition, also für jemanden, der auf Metaphysik und Religion nichts gab, der gegenüber wissenschaftlicher Analyse seine Vorbehalte hatte, aber eine tiefe Liebe zur Erde und zum Leben auf ihr empfand, dazu eine Leidenschaft für die zurückliegende Geschichte der Menschheit.

Denken Sie einmal darüber nach. Soll etwa alles in einem Kontor auf einer Schlackenhalde enden, in einem bürgerlichen Wohnzimmer auf hoher See, mit einem Ausschuß der Liberalen, der an die Reichen Champagner ausschenkt und den Armen Margarine zugesteht in angemessener Dosierung, in der Meinung, so ließen sich alle Menschen zufriedenstellen, während gleichzeitig jede Freude fürs Auge aus der Welt verschwunden und Huxley* an den Platz Homers getreten ist?

* Gemeint ist Thomas Henry Huxley, ein zeitgenössischer Anatom und Physiologe, der unter anderem ›Zoological Evidences as to Man's Place in Nature‹, deutsch von Carus, Braunschweig 1863, schrieb.

Glauben Sie mir... aus ehrlichem Herzen gesprochen, wenn ich mich zwang, in die Zukunft zu sehen, so waren es diese Schreckensbilder, die ich dort sah. Soweit mir bekannt, schien aber niemand es der Mühe für wert zu erachten, gegen solche Auszehrungserscheinungen der Zivilisation anzukämpfen.

So waren also die Aussichten für mein Lebensende recht pessimistisch, wäre mir nicht aufgegangen, daß inmitten all dieses Unrats der Zivilisation die Saaten einer großen Veränderung, die wir heute Soziale Revolution nennen, bereits begonnen hatten zu keimen.

Das Aussehen aller Dinge wurde für mich durch diese Entdeckung verändert. Alles, was dann noch geschehen mußte, um aus mir einen Sozialisten zu machen, war, Anschluß an die praktische Bewegung zu finden, wo ich mich, wie schon erwähnt, so gut es eben ging, einzufügen versuchte. Um es noch einmal zusammenzufassen: Das Studium der Geschichte, die Liebe zur Kunst, das Verlangen, sie auszuüben, zwangen mich, eine Zivilisation zu hassen, in der, wenn die Dinge so blieben wie sie nun einmal standen, Geschichte sich in einen inkonsequenten Unsinn zu verwandeln drohte, Kunst zu einer Ansammlung von Merkwürdigkeiten, die keinerlei ernstzunehmende Verbindung zum Leben der Gegenwart mehr hatten.

Das Wissen, daß inmitten unserer hassenswerten modernen Gesellschaft eine Revolution sich regt, bewahrte mich davor – und darin mag ich mehr Glück gehabt haben als andere –, durch einen bloßen Sturmlauf gegen den Fortschritt in Erschöpfung zu verfallen oder andererseits Zeit und Energie auf irgendeines dieser zahllosen Unternehmen zu verschwenden, mit denen die Möchtegernkünstler der Mittelklasse hoffen, dort Kunst aufwachsen zu lassen, wo es längst keinen Wurzelboden mehr für sie gibt. So wurde ich ein praktischer Sozialist.

Noch ein letztes Wort oder zwei. Vielleicht werden einige unserer Freunde fragen, was das eigentlich alles mit Kunst oder Geschichte zu tun habe.

Wir wollen mit den Mitteln sozialer Demokratie zu einem anständigen Leben gelangen. Wir wollen wirklich lebendig sein und bleiben. Darauf bestehen wir, hier und jetzt. Gewiß, wer behauptet, daß die Frage von Kunst und Kultiviertheit gegenüber der des Lebensunterhalts den Vorrang habe (und es gibt Leute, die derartiges behaupten), hat nicht begriffen, was Kunst bedeutet bzw. daß sie ihre Wurzeln im aufstrebenden und angstfreien Leben hat.

Doch muß auch daran erinnert werden, daß die heutige Zivilisation den Arbeiter zu einer mageren und erbarmungswürdigen Existenz verdammt hat. Er vermag sich kaum noch vorzustellen, daß es sich lohnen könnte, auf ein Leben hinzuarbeiten, welches um vieles besser wäre als jenes, das er heute zu führen gezwungen ist.

Es ist die Provinz der Kunst, die das wahre Ideal eines erfüllten und vernünftigen Lebens vor ihm aufrichtet, eines Lebens, zu dem notwendigerweise die Wahrnehmung und die Schöpfung von Schönheit, die Freude an wahren Vergnügen gehört – und zwar ebenso notwendig wie das tägliche Brot. Kein Mensch und keine Gruppe von Menschen sind davon auszunehmen, außer sie widersprechen von sich aus solchen Forderungen, und selbst dann muß man sich ihnen widersetzen.

WIE WIR LEBEN
UND
WIE WIR LEBEN
KÖNNTEN

Das Wort Revolution, das zu benutzen wir Sozialisten gezwungen sind, hat in den Ohren der meisten Leute einen schrecklichen Klang, und zwar selbst dann, wenn wir ihnen erklärt haben, daß es nicht unbedingt eine Veränderung bedeutet, die von Unruhen und von allen Arten von Gewalt begleitet sein wird, keine Veränderung, die sich mechanisch vollzieht, herbeigeführt im Widerspruch zur öffentlichen Meinung von einer Gruppe von Leuten, denen es irgendwie gelungen ist, die Staatsgewalt für den Augenblick an sich zu reißen. Selbst wenn wir darauf hinweisen, daß wir das Wort in seinem etymologischen Sinn benutzen, daß wir darunter die Veränderung der Grundlagen der Gesellschaft verstehen, sind die Leute bei der Vorstellung von so großen Umstellungen verschreckt und bitten uns, doch von ›Reform‹ und nicht von ›Revolution‹ zu reden.

Da wir Sozialisten jedoch unter dem Begriff ›Revolution‹ uns ganz und gar nicht das vorstellen, was diese ehrenwerten Herren meinen, wenn sie von Reform sprechen, schiene es mir doch ein Fehler, dieser Aufforderung nachzukommen, ungeachtet dessen, daß sich so manches brisante Projekt in diesem harmlosen Umschlag vielleicht besser befördern ließe. Wir wollen an der Bedeutung festhalten, daß es um eine Veränderung der gesellschaftlichen Grundlagen geht. Es mag die Leute erschrecken, es wird sie wenigstens warnen, daß es da etwas zu fürchten gibt, was zu ignorieren gewiß nicht weniger gefährlich ist. Manche wird es aber auch ermutigen, und ihnen wird es nicht Schrecken, sondern Hoffnung signalisieren.

Furcht und Hoffnung – das sind die Bezeichnungen der zwei großen Gefühlsbewegungen, die den Menschen beherrschen und mit denen Revolutionäre sich auseinanderzusetzen haben. Den vielen Unterdrückten Hoffnung zu geben und Furcht denen, die unterdrücken, das ist unsere Aufgabe. Wenn wir so handeln, wenn wir vielen Hoffnungen machen, müssen einige über deren Hoffnungen erschrecken. Andererseits wollen wir sie gar nicht in Furcht versetzen. Wir sind nicht auf Rache aus für Armut, sondern auf Glück. Wie könnten überhaupt die Tausende von Jahren des Leidens der Armen je gerächt werden?

Man muß allerdings darauf hinweisen, daß viele von denen, die die Armen unterdrücken, sich der Tatsache der Unterdrückung gar nicht bewußt sind. (Wir werden gleich sehen, warum.) Sie leben doch ruhig und ordentlich. Ihre Haltung hat nichts gemein mit der eines römischen Sklavenhalters. Sie wissen, daß es Arme gibt, aber deren Leiden stellt sich ihnen nicht auf eine so einschneidende und dramatische Art und Weise dar. Sie haben ja auch ihre Sorgen, und sie gehen zweifellos davon aus, daß Sorgen zu haben eben zum Schicksal der Menschen gehöre. Auch haben sie nicht die Möglichkeit, ihre Lebensprobleme mit denen von Menschen zu vergleichen, die zur Unterschicht gehören. Wenn der Gedanke sich ihnen aufdrängt, daß diese Sorgen schwerer sein könnten, so trösten sie sich nach dem Grundsatz, daß sich Menschen an die Sorgen, die sie nun einmal haben, zu gewöhnen pflegen, welcher Art diese auch sein mögen. Tatsächlich ist dies, wenigstens soweit Individuen betroffen sind, nur allzu wahr. Den bestehenden Zustand werden also jene unterstützen, die bei den gegenwärtigen Verhältnissen, wie schlecht diese auch sein mögen, wohlgefällig dahinleben, unbewußte Unterdrücker, die der Meinung sind, daß jegliche Veränderung, die mehr beinhaltet als die vorsichtigste und allmähliche Reform, zu fürchten sei. Und dann gibt es jene armen Leute, die, verängstigt und von Nöten geplagt, wie sie nun einmal leben, es sich nicht vorstellen können, daß eine Veränderung etwas Besseres bringt, sondern nur Angst haben, daß sie dabei um das Wenige, was sie besitzen, auch noch kommen würden. So steht es also. Wir können wenig tun, was die Furcht der Reichen nicht zusätzlich verstärkt, und es ist in der Tat schwierig, den Armen Hoffnungen zu machen. Es ist von daher nicht mehr als billig, daß diejenigen, von denen wir erwarten, daß sie sich an dem großen Kampf für eine bessere Form des Lebens beteiligen, sich auch das Recht herausnehmen, uns danach zu fragen, wie das Leben dann aussehen wird.

Eine plausible, aber schwer zu erfüllende Forderung. Da wir in einem System leben, das die bewußten Anstrengungen auf eine solche Veränderung hin fast unmöglich macht, ist es nicht unvernünftig, für unsern Teil zu antworten: ›Es gibt bestimmte Hindernisse, die dem tatsächlichen Fortschritt des Menschen im Weg stehen, wir können sie euch nennen, beseitigt sie, und dann wird man ja sehen.‹

Ich biete nun jedoch mich selbst jenen als Opfer an, die da meinen, wie die Dinge jetzt stünden, hätten sie wenigstens etwas, und die sich fürchten, danach völlig mit leeren Händen dazustehen. Um vorzuführen, wie wir leben könnten, muß ich mich erst einmal mehr oder weniger im Negativen bewegen. Ich muß zunächst darauf hinweisen, was uns heute bei unserem Versuch, ein anständiges Leben zu führen, fehlt. Ich muß die Reichen und Wohlhabenden fragen, welcher Art denn ihre Stellung ist, die sie ängstlich bestrebt sind, um jeden Preis aufrechtzuerhalten, und ob es alles in allem ein so schrecklicher Verlust wäre, sie aufzugeben. Ich muß den Armen klarmachen, daß sie, obwohl sie die Möglichkeiten zu einem anständigen und großzügigen Leben hätten, in einer Lage verharren, die niemand erträgt, ohne ständig erniedrigt zu werden.

Wie leben wir also in dem gegenwärtigen System? Schauen wir uns etwas um.

Zunächst einmal begreifen Sie bitte, daß unser gegenwärtiges Gesellschaftssystem auf einem ständigen Kriegszustand beruht. Ist unter uns jemand, der da meint, so sei es schon recht? Ich weiß, man hat euch erzählt, daß der Wettbewerb, welcher bei der gegenwärtigen Produktion der Regelfall ist, etwas Gutes darstellt und den Fortschritt der Menschheit stimuliert. Jene, die das behaupten, sollten besser Wettbewerb gleich als Krieg bezeichnen, wenn sie wirklich ehrlich sein wollen, und dann mögt ihr entscheiden, ob der Krieg den Fortschritt stimuliert oder nicht. Wettbewerb stimuliert meiner

Ansicht nach den Fortschritt nicht mehr als ein wildgewordener Bulle, der jemanden in seinem Garten herumjagt. Krieg oder Wettbewerb – Sie haben die Wahl, wie Sie es nennen wollen! – bedeutet, den eigenen Vorteil auf Kosten anderer zu suchen. Im Verlauf dieses Vorgangs darf man an Zerstörung – und sei es des eigenen Besitzes – nicht sparen, oder man zieht den kürzeren. Das ist völlig einsichtig bei jener Art von Krieg, in der Menschen ausziehen, um zu töten und getötet zu werden, der Art, bei der Schiffe ausgesandt werden, um zu versenken, zu verbrennen und zu zerstören; die Verschwendung von Gütern ist nicht ganz so augenscheinlich, wenn es sich nur um jenen Krieg handelt, den man ›Handel‹ nennt, die Verschwendung dabei ist jedoch genau dieselbe.

Sehen wir uns nun diese Art von Krieg etwas genauer an, gehen wir seine Formen durch, schauen wir uns an, wie das Verbrennen, Versenken und Zerstören sich dabei abspielt. Da haben wir zunächst jene Form, die man nationale Rivalität nennt, sie ist der tatsächliche Anlaß für alle mit Schießpulver und aufgepflanztem Seitengewehr ausgetragenen Kriege, die zivilisierte Nationen heute miteinander führen. Wir haben einen Schießpulverkrieg mit einem ebenbürtigen Feind seit langer Zeit vermieden, und ich will Ihnen auch gleich sagen, warum: Es liegt daran, daß wir den Löwenanteil am Weltmarkt bereits besitzen. Wir müssen als Nation nicht mehr darum kämpfen, wir haben ihn schon, aber jetzt ändert sich dies in einer bemerkenswerten, einen Sozialisten erheiternden Art und Weise. Wir sind dabei, den Löwenanteil wieder zu verlieren, wir haben ihn schon verloren. Es findet nun ein verzweifelter Wettbewerb zwischen den großen Nationen der zivilisierten Welt um den Weltmarkt statt, und schon morgen kann aus ebendiesem Grund ein verzweifelter Krieg entbrennen.

Ergebnis: Ein solcher Krieg (wenn er nicht überhaupt schon unübersehbare Ausmaße hat) läßt sich nicht mehr in den Grenzen eines Ehre- und Ruhm-Krieges halten, wie ihn die Tories so schätzten, weil bei einem solchen Krieg immer Maßnahmen zur Einschränkung der Demokratie begründet erschienen. Die Zeiten haben sich geändert. Heute ist es ein ganz anderer Typ des Politikers, der uns zu einer solchen Form von Patriotismus, wie man das dann nennt, nötigen möchte. Die Führer der fortschrittlichen Liberalen, wie sie sich selbst nennen, langköpfige Herren, die sehr genau wissen, daß die soziale Bewegung weitergehen wird, die gegenüber der Tatsache nicht blind sind, daß manches auf der

Welt, mit oder ohne ihre Hilfe, sich verändert – sie sind die großen Chauvinisten unserer Tage.

Ich will nicht sagen, sie wüßten, was sie tun. Politiker, wie Sie wissen, sind eifrig darum bemüht, gegenüber allem, was sich erst in sechs Monaten ereignen mag, die Augen zu verschließen. Aber was geschehen wird, ist dies: Das gegenwärtige System, das immer nationale Rivalitäten einschließt, läuft auf ein verzweifeltes Gerauf um die Märkte hinaus, bei mehr oder minder gleichen Bedingungen mit anderen Nationen, weil wir die Vorherrschaft, die wir einst besaßen, verloren haben.

Verzweiflung ist kein zu starkes Wort. Wir werden uns von diesem Impuls, uns Märkte zu verschaffen, fortreißen lassen, wohin auch immer. Heute ist es erfolgreicher Diebstahl und Schande, morgen ist es die glatte Niederlage und Schande dazu.

Nun ist dies keine Abschweifung; ich bin dem, was gewöhnlich Politik genannt wird, so nahe, wie ich ihm nie wieder sein werde. Ich möchte Ihnen nur zeigen, was Handelskrieg bedeutet, wenn er sich aufs Ausland erstreckt. Selbst dem Dümmsten muß klar sein, daß Verschwendung damit Hand in Hand geht. So verhält es sich also mit unseren Beziehungen zum Ausland. Wir sind immer bereit, andere

Nationen zu ruinieren, wenn möglich ohne Krieg, mit Krieg falls notwendig, gar nicht zu reden von der schandbaren Ausbeutung wilder Stämme und barbarischer Völker, denen wir unter Waffengewalt unsere Schundwaren und Scheinheiligkeit aufzwingen.

O ja, der Sozialismus hat Ihnen statt alldem etwas anderes zu bieten. Er kann Ihnen Frieden und Freundschaft statt Krieg anbieten. Wir könnten sehr wohl völlig ohne nationale Rivalitäten auskommen. Wir müßten nur zur Kenntnis nehmen, daß es schon richtig ist, zum Zweck der Selbstregierung sich unter einem Namen in einer Gemeinschaft zusammenzuschließen, daß aber keine Gemeinschaft in der zivilisierten Welt meinen sollte, sie habe Interessen, die denen einer anderen entgegengesetzt seien, vorausgesetzt, die wirtschaftlichen Bedingungen sind annähernd die gleichen. Also sollte der Bürger eines Gemeinwesens, wenn er in ein anderes Land kommt, seine Lebensweise ruhig beibehalten und sich dort ganz selbstverständlich einordnen können. So würden alle zivilisierten Nationen eine einzige große Gemeinschaft bilden, deren einzelne Glieder einander so viele Zugeständnisse machen, wie in bezug auf die Art, das Ausmaß der Produktion und deren Verteilung notwendig sind. Die Arbeit an dieser Produktion würde dort vonstatten gehen, wo die Voraussetzungen am günstigsten sind. Verschwendung würde so unter allen Umständen vermieden.

Bitte denken Sie einmal an das Ausmaß von Verschwendung, zu dem es unter solchen Umständen nicht käme, an das Ausmaß dessen, was eine solche Revolution zum Reichtum der Welt beitragen würde! Und welches Wesen auf Erden würde durch eine solche Umwälzung benachteiligt werden? Wäre nicht im Gegenteil jeder danach besser dran, als er es heute ist? Und was steht dem eigentlich im Weg? Ich werde darauf sofort zu sprechen kommen. Unterdessen aber wollen wir nach dem Ausblick auf den Wettbewerb der Nationen uns unter den ›Organisatoren von Arbeit‹, den großen Firmen, den Aktiengesellschaften, kurz gesagt unter den Kapitalisten, noch etwas näher umsehen. Wir werden beobachten, wie der Wettbewerb die Produktion anspornt, tatsächlich tut er das. Aber welche Art von Produktion, ist zu fragen? Nun, die Produktion solcher Waren, die sich mit Gewinn verkaufen lassen, also sozusagen die Produktion von Gewinn. Und jetzt beachten Sie bitte, wie der Handelskrieg hier als Stimulans wirkt. Nämlich so: Auf einem bestimmten Markt besteht ein Bedarf nach gewissen Gütern. Es gibt, nehmen wir einmal an, hundert Hersteller dieser Art von Gütern, und jeder von ihnen würde gern, wenn er könnte, diesen Markt für sich allein ausnutzen. Er kämpft deshalb darum, sich einen möglichst hohen Marktanteil zu erobern ... mit dem verständlichen Resultat, daß der Markt übersättigt wird und daß diese ganze Raserei in sich selbst zusammenbricht. Kommt Ihnen das nicht wie Krieg vor? Wird Ihnen die Verschwendung dabei klar? Verschwendung an Arbeitskraft, an Geschicklichkeit, Können, kurz gesagt, die Verschwendung an Lebensenergie? Nun könnte jemand sagen, dadurch werden aber die Güter billiger. In gewissem Sinn trifft das zu, aber nur scheinbar, da der Lohn des gewöhnlichen Arbeiters die Tendenz hat, in der Regel im selben Verhältnis wie die Preise zu fallen. Mit welchem Preis ist also diese scheinbare Verbilligung der Waren erkauft? Um deutlich zu werden: auf Kosten des betrogenen Verbrauchers, auf Kosten des verarmenden tatsächlichen Herstellers und zugunsten eines Glücksspielers, der Verbraucher und Hersteller als seine Milchkühe betrachtet. Ich muß mich bei diesem Betrug nicht lange aufhalten, denn jeder weiß ja, welche Rolle er in dieser Art von Handel spielt; aber denken Sie daran: dies ist die absolut notwendige Voraussetzung dafür, daß sich aus der Herstellung von Waren ein Gewinn ergibt. Dies wiederum muß das Ziel der sogenannten Fabrikanten sein. Da es nun der Verbraucher jeweils mit einer ganzen Gruppe von ihnen zu tun hat, ist er völlig hilflos gegenüber diesen Glücksspielern. Die Güter werden ihm durch deren Billigkeit aufgezwungen und mit ihnen eine bestimmte Art des Lebens, auf den diese tatkräftige, diese aggressive Billigkeit ihn festlegt. Denn so weitreichend ist dieser Fluch des Handelskrieges, daß kein Land vor seinen Verwüstungen sicher ist. Traditionen von Tausenden von Jahren werden innerhalb eines Monats zerstört; er überrennt ein schwaches oder halbbarbarisches Land. Was an Zauber und Schönheit, was an Kunst noch vorhanden ist, wird niedergetrampelt in einen Haufen von Schund und Häßlichkeit; der indische oder javanische Handwerker geht nicht länger entspannt seinem Handwerk nach, arbeitet nicht mehr nur ein paar Stunden am Tag, dabei einen Irrgarten von seltsamer Schönheit auf einem Stück Stoff hervorbringend, statt dessen wird in Manchester eine Dampfmaschine angeworfen; und dieser Sieg über die Natur und über Tausende dem Menschen sich entgegenstellende Schwierigkeiten wird zur Grundlage, um Kitsch oder Schund herzustellen. Der asiatische Arbeiter, sofern er nicht kurz darauf den Hungertod stirbt, was häufig der Fall ist, wird zu niedrigeren

Löhnen als sein Bruder in Manchester in die Fabrik getrieben, nichts von seinem Charakter erhält sich in ihm außer Akkumulation von Furcht und Haß gegen dieses für ihn undurchschaubare Übel, verkörpert durch seinen englischen Herrn. Der Südseeinsulaner darf nicht länger sein Kanu schnitzen, er muß seine süße Ruhe, seine graziösen Tänze aufgeben. Er muß Sklave eines Sklaven werden: Hosen, Kitsch, Rum, Missionar und tödliche Krankheit – diese gesamte Zivilisation muß er mit einem Bissen schlucken. Weder kann er selbst sich helfen, noch können wir ihm helfen, bis die soziale Ordnung den Glücksspieler, diesen gemeinen Tyrannen, der ihn ruiniert hat, beseitigt haben wird.

Wenn dies eine Typologie der Verbraucher war, nun zu den Produzenten. Ich meine den wahren Produzenten, den Arbeiter. Wie wirkt sich das Gezerre um die Plünderung des Marktes auf ihn aus? Der Fabrikant, in seiner Begierde auf Krieg, muß in seiner Nachbarschaft eine gewaltige Armee von Arbeitern versammeln. Er bildet sie so lange aus, bis sie zur Arbeit in seinem besonderen Zweig der Produktion fähig sind, bis sie Gewinn machen, mit dem Ergebnis, daß sie zu nichts anderem mehr fähig sind.

Wenn nun die Übersättigung auf dem Markt eintritt, den er beliefert, was geschieht dann mit dieser Armee, in der jeder einzelne Soldat davon abhängig ist, daß auf dem Markt eine ständige Nachfrage besteht, und der arbeitet, da ihm gar keine andere Wahl bleibt, als würde es immer so weitergehen? Sie wissen sehr gut, was mit diesen Männern geschieht. Die Fabriktore schließen sich vor ihnen. Sie werden zur Reservearmee der Arbeit. Was wird aus ihnen? Nun, das wissen wir unterdessen gut genug. Aber was wir nicht wissen oder vorziehen nicht zu wissen, ist, daß diese Reservearmee an Arbeitskräften eine absolute Notwendigkeit im Handelskrieg darstellt. Wenn unsere Fabrikanten nicht diese armen Teufel hätten, die sie jederzeit an die Maschinen rufen könnten, sobald die Nachfrage wieder ansteigt, würden andere Fabrikanten in Frankreich oder Deutschland oder in Amerika einspringen und ihnen ihren Marktanteil abnehmen.

Sie sehen also, so wie wir jetzt leben, ist es unumgänglich, daß ein gewaltiger Teil der in der Industrie beschäftigten Bevölkerung Gefahr läuft, von Zeit zu Zeit halbwegs zu verhungern, und dies nicht etwa zum Vorteil von Menschen in einem anderen Teil der Welt, sondern mit der Konsequenz ihrer Erniedrigung und Versklavung.

Betrachten wir nur einen Augenblick die Art von Verschwendung, die damit Hand in Hand geht, dieses Öffnen neuer Märkte in wilden und barbarischen Ländern, und es wird klar werden, welch grausigen Albtraum dieser Profitmarkt darstellt. Er läßt uns aus Sorge und Mühe um unser täglich Brot nicht zum Atmen kommen. Wir können kein Buch lesen, kein Bild betrachten, keinen Spaziergang durch grünende Felder machen. Wir können nicht in der Sonne liegen, nicht teilhaben am Wissen unserer Zeit, kurz gesagt, uns weder einen physischen noch einen intellektuellen Genuß gönnen. Und das alles wofür? Nur damit wir dieses Sklavenleben bis zu unserem Tod fortsetzen. Nur damit wir einem reichen Mann zu einem Leben in Bequemlichkeit und Luxus verhelfen. Tatsächlich ist es ein Leben, so leer, so ungesund, so erbärmlich, daß man sich fragen könnte, ob er nicht noch schlimmer dran sei als seine Arbeiter. Was nun das Ergebnis all dieser Leiden angeht – bestenfalls noch ist es gleich null. Dann nämlich, wenn man sagen kann, daß die Waren niemandem einen Vorteil gebracht haben. Oft aber haben sie viele Menschen geschädigt. Nur zu oft haben wir uns geschunden, haben gestöhnt und uns abgerackert, nur um Gift und Vernichtungsmittel für unsere Mitmenschen zu schaffen.

Deswegen behaupte ich, all dies ist Krieg, ist das Resultat von Krieg, des Krieges diesmal nicht von konkurrierenden Nationen, sondern konkurrierenden Firmen oder kapitalistischen Einheiten, und es ist der Krieg der Firmen, der den Frieden zwischen den Nationen verhindert, den Sie gewiß für ebenso unerläßlich erachten wie ich. Sie müssen wissen, daß Krieg geradezu der Lebensatem dieses Kampfes der Firmen ist und daß sie in unserer Zeit nahezu alle politische Macht in ihren Händen haben. Sie rotten sich in einem jeden Land zusammen, um die jeweilige Regierung zwei Funktionen erfüllen zu lassen. Die erste besteht darin, daheim als eine starke Polizeimacht aufzutreten und den Kreis zu schließen, indem die Starken die Schwachen niederschlagen; die zweite ist es, im Ausland als piratenhafte Leibwächter zu wirken, als Granate, welche die Tür zu den Weltmärkten aufsprengt. So sollen – unter dem Vorzeichen eines unbeschränkten Privilegs, Laisser-faire geheißen – Märkte im Ausland und daheim geschaffen werden. Genau so sehen unsere Großindustriellen die Rolle der Regierung.

Ich werde jetzt versuchen, zu den Gründen von all dem vorzudringen, Ihnen das Fundament zu zeigen, auf dem sich alles aufbaut, und zwar indem ich die Frage beantworte: Warum haben die Profitmacher soviel Macht? Warum sind sie in der Lage, ihre Macht aufrechtzuerhalten? Dies bringt uns zu der dritten Form des Handelskrieges, jener, auf der alle übrigen beruhen. Wir haben zuerst vom Krieg rivalisierender Nationen gesprochen, darauf von rivalisierenden Firmen. Wir wollen nun von rivalisierenden Menschen sprechen. Wie die Nationen unter dem gegenwärtigen System getrieben werden, miteinander um den Weltmarkt zu konkurrieren, wie die Firmen oder die Industriekapitäne versuchen müssen, ihren Anteil am Profit der Märkte zu ergattern, so müssen auch die Arbeiter miteinander konkurrieren um ihren Lebensunterhalt. Dieser ständige Wettbewerb oder Krieg unter ihnen ist es, der es den Profitmachern erlaubt, ihre Gewinne zu erzielen und auf dem Weg über den so erworbenen Reichtum die exekutive Gewalt im Land in ihre Hände zu nehmen.

Aber es gibt einen Unterschied zwischen der Position der Arbeiter und der der Profitmacher; für letztere ist der Krieg notwendig, es gibt keine Gewinnerzielung ohne Wettbewerb zwischen Individuen, Körperschaften und Nationen, aber man kann ohne Wettbewerb für seinen Lebensunterhalt arbeiten, man kann sich vereinigen, anstatt zu konkurrieren. Ich habe gesagt, daß Krieg der Lebensatem der Profitmacher ist, auf gleiche Weise ist die Vereinigung das Lebenselixier der Arbeiter. Die Arbeiterklasse oder das Proletariat kann als Klasse ohne Vereinigung überhaupt nicht existieren.

Die Notwendigkeit, die die Profitmacher zwang, Menschen in ihren Werkstätten zu versammeln, die nach dem Prinzip der Arbeitsteilung tätig sind, sie dann in großen Fabriken, die mit Maschinen arbeiten, zu konzentrieren, sie so allmählich in die Städte und an die Mittelpunkte der Zivilisation heranzuziehen, ließ eine besondere Arbeiterklasse, auch Proletariat genannt, überhaupt erst entstehen. Dieser Vorgang führte mechanisch zu ihrer Existenz. Dabei ist aber zu beachten, daß sich die Arbeiter in der Warenproduktion zu sozialen Gruppen verbinden, bis jetzt allerdings nur äußerlich. Sie wissen nicht, woran sie arbeiten, auch nicht, für wen sie tätig sind, denn man hat sie zusammengesteckt, um Waren zu produzieren, bei denen der Profit des Fabrikbesitzers das entscheidende ist. Sie könnten aber auch Güter zu ihrem eigenen Nutzen herstellen. Solange sie in der erstgenannten Form arbeiten und miteinander darum konkurrieren, es überhaupt zu dürfen, fühlen sie sich und sind sie Teil jener konkurrierenden Firmen, von denen ich zuvor gesprochen habe. Sie sind in der Tat ein Teil der Maschinerie zur Produktion von Profit. Solange dies andauert, wird es das Ziel der Herren oder der Profitmacher sein, den Marktwert dieses aus Menschen bestehenden Teils der Maschinerie absinken zu lassen. Das will besagen: da sie bereits über die Arbeit der toten Männer in Form des Kapitals und der Maschinen verfügen, liegt es in ihrem Interesse, oder sagen wir besser, besteht für sie die Notwendigkeit, so wenig wie möglich für die Arbeit der lebendigen Menschen, die sie Tag für Tag kaufen müssen, zu zahlen, und da die Arbeiter, die sie beschäftigen, nichts als ihre Arbeitskraft haben, sind diese gezwungen, einander in ihren Löhnen zu unterbieten. Auf diese Weise ermöglichen sie es den Kapitalisten, ihr Spiel immer weiter zu spielen.

Ich habe gesagt, so wie die Dinge stehen, sind Arbeiter ein Teil der konkurrierenden Firmen, ein Anhängsel des Kapitals. Sie sind dies aber durch Zwang und ohne sich dessen bewußt zu sein. Sie kämpfen gegen diesen Zwang und seine unmittelbaren Folgen, das Absinken der Löhne, das Absinken ihres Lebensstandards. Dies tun sie und müssen sie tun, sowohl als Klasse wie auch als Individuen, gerade so wie der Sklave eines römischen Großgrundbesitzers, der, wenngleich er sich klar zum Haushalt gehörig fühlte, doch als Mitglied der Sklavenschaft andererseits eine Kraft war, die im stillen auf die Vernichtung dieses Haushalts hinarbeitete, der, wo er nur konnte, ohne dafür bestraft zu werden, seinen Herrn bestahl.

Hier also findet ein anderer Krieg statt, der notwendigerweise mit unserem Leben heute verbunden ist, der Krieg der Klassen, der, wenn er seinen Höhepunkt erreicht – und es scheint, daß dies in unseren Zeiten der Fall ist –, jene andere Art des Krieges, von der ich gesprochen habe, zerstören wird. Er wird die Position der Profitmacher und den ständigen Handelskrieg unhaltbar werden lassen. Er wird das gegenwärtige System des Wettbewerbprivilegs oder den Handelskrieg zerstören.

Nun beachten Sie, daß ich gesagt habe, für die Existenz der Arbeiter sei der Zusammenschluß, nicht der Wettbewerb das unerläßliche, während für die Profitmacher der Zusammenschluß unmöglich, der Krieg hingegen unerläßlich ist. Die gegenwärtige Position des Arbeiters ist die einer Maschine zum Zweck des Handels oder, deutlicher gesagt: die des Sklaven. Wenn sich diese Position verändert und die Arbeiter frei werden, wird die Klasse der Profitmacher aufhören zu bestehen. Was wird dann aus der Klasse der Arbeiter werden? Selbst jetzt sind sie der notwendige Teil der Gesellschaft, der lebensnotwendige Teil der Gesellschaft, von dem die anderen Klassen leben. Aber was wird sein, was werden sie sein, wenn sie erst einmal ihre wirkliche Macht begreifen und aufhören, miteinander um ihren Lebensunterhalt zu konkurrieren? Ich will es Ihnen sagen: *Sie* werden die Gesellschaft sein. Und wenn sie die Gesellschaft sind – wenn es außerhalb von ihnen keine Klasse gibt, mit der sie kämpfen müssen –, werden sie ihre Arbeit in Übereinstimmung mit ihren eigenen Bedürfnissen regulieren können.

Es wird viel geredet über Angebot und Nachfrage, aber jenes Angebot und jene Nachfrage, über die dabei diskutiert wird, sind künstlich. Sie ergeben sich auf Märkten, die von Glücksspielern manipuliert werden. Die Nachfrage wird – wie ich zuvor erklärt habe – erzwungen, ehe noch ein Angebot vorhanden ist. Da ferner jeder Produzent gegen alle übrigen ankämpft, können die Produzenten die Arbeit so lange nicht einstellen, bis eine Übersättigung des Marktes erreicht ist. Die brotlos gewordenen Arbeiter hören, daß Überproduktion herrscht, wobei es ihnen selbst am Notwendigsten mangelt, weil der Reichtum, den sie selbst geschaffen haben, ›schlecht verteilt‹ worden ist, wie man das nennt. Tatsächlich sind sie widerrechtlich um diesen Reichtum gebracht worden.

Wenn die Arbeiter die Gesellschaft darstellen, werden sie ihre Arbeit so regulieren, daß Angebot und Nachfrage echt sind und nicht als Glücksspiel betrieben werden; beides wird aufeinander abgestimmt werden, denn es ist dieselbe Gesellschaft, in der der Bedarf besteht und auch befriedigt wird. Es wird keine künstlichen Hungersnöte mehr geben, keine Armut inmitten von Überproduktion, inmitten eines Vorrats all jener Dinge, die die Armut aufheben und in Wohlergehen verwandeln könnten. Kurz gesagt: Es wird keine Verschwendung mehr geben und deswegen auch keine Tyrannei.

Nun also, was Sozialismus Ihnen anstelle künstlicher Hungersnöte bei gleichzeitiger Überproduktion bietet, ist, um es noch einmal zu sagen, eine Regulierung der Märkte, eine Abstimmung von Angebot und Nachfrage im richtigen Verhältnis zueinander, kein Glücksspiel. Infolgedessen, um auch dies zu wiederholen, keine Verschwendung, kein Zuviel an Arbeit, keine Schinderei für den Arbeiter in diesem Monat und Arbeitslosigkeit im nächsten samt dem Schrecken des Hungers, sondern ständige Arbeit und reichliche Freizeit jeden Monat; keine billigen Marktwaren, d. h. keine verhunzten Waren, die kaum etwas wert sind, sondern bloße Gerüstpfähle darstellen, um ein Gewinngebäude zu errichten.

Keine Arbeit würde auf Dinge verschwendet werden, die die Menschen dann auch nicht mehr nötig haben, wenn sie aufhören Sklaven zu sein. Nicht solchen Gütern, sondern jenen, die am besten den wirklichen Bedürfnissen der Verbraucher entsprechen, würde die Arbeit gelten, denn da der Profit abgeschafft ist, könnten die Menschen das bekommen, was sie wirklich wollen, statt das nehmen zu müssen, was ihnen die Profitmacher daheim und im Ausland aufzwingen. Denn ich möchte, daß Ihnen dies klar wird: In jedem zivilisierten Land ist mehr als genug da für alle oder könnte doch wenigstens mehr als genug da sein. Selbst bei einer so fehlgerichteten Arbeit, wie sie sich gegenwärtig vollzieht, könnte eine sich unter dem Gleichheitsgesichtspunkt vollziehende Distribution des Reichtums allen Menschen ein angenehmes Leben verschaffen. Das ist aber noch gar nichts gegen das, was an Reichtum vorhanden wäre, sobald Arbeit nicht mehr fehlgerichtet ausgeführt würde.

In den frühen Tagen der Geschichte der Menschheit war der Mensch der Sklave seiner dringlichsten Bedürfnisse. Die Natur war mächtig, und er war schwach. Er mußte um seine tägliche Nahrung und um Schutz vor den Fährnissen der Natur kämpfen. Sein Leben bestand aus diesem steten Kampf; all seine Moral, seine Gesetze, seine Religion sind in der Tat Konsequenz und Reflexion dieses endlosen

Sichabmühens beim Verdienen des Lebensunterhalts.

Zeit verging, und langsam, Schritt um Schritt, wurde der Mensch stärker, bis nach all diesen Zeitaltern er die Natur fast völlig beherrschen lernte, und man sollte meinen, er hätte nun Zeit gehabt, seine Gedanken höheren Dingen als der Vorsorge für das morgige Mittagessen zuzuwenden. Aber ach, in seinem Fortschritt entstand ein Bruch, es kam zu einem Halt, und wenn er auch tatsächlich die Natur eroberte und ihre Kräfte unter seine Herrschaft brachte, um damit zu machen, was er wollte, so hat er doch noch sich selbst zu erobern. Er muß sich darüber klar werden, wie er die Kräfte, über die er Herr geworden ist, am besten nutzt. Gegenwärtig nutzt er sie blind, töricht, wie vom Schicksal getrieben. Es scheint fast so, als ob irgendein Phantom des endlosen Strebens nach Nahrung, das einst Macht über die Wilden hatte, auch den zivilisierten Menschen immer noch beherrscht,als mühe er sich ab in einem Traum, durchgeistert von unwirklichen Hoffnungen, entstanden aus vagen Rückerinnerungen an längst vergangene Tage. Aus diesem Traum muß er erwachen und den Dingen ins Gesicht sehen, so wie sie tatsächlich sind. Die Eroberung der Natur ist abgeschlossen, dürfen wir wohl behaupten, und es ist unsere Aufgabe – und wäre es schon längst gewesen –, das Menschengeschlecht so zu organisieren, daß es die Naturkräfte beherrscht und lenkt. Bevor dies nicht gelungen ist, werden wir uns nicht einmal von jenem furchtbaren Gespenst des Hungertodes befreien können, das zusammen mit seinem bösen Bruder, dem Verlangen nach Herrschaft, uns in Ungerechtigkeit, Grausamkeit und Feigheit in all ihren Spielarten stürzt. Die Furcht gegenüber unseren Mitmenschen abzulegen, ihnen Vertrauen entgegenzubringen, die Konkurrenz zu beseitigen und auf ein Zusammenwirken hinzuarbeiten, dies wäre es, was uns als unbedingte Notwendigkeit aufgetragen ist.

Ich möchte nun auf nähere Einzelheiten eingehen: Wie Sie wissen, ist in einem Kulturstaat jeder Mensch sozusagen mehr wert als seine Haut. Indem er, da er nun einmal arbeiten muß, mit anderen zusammenarbeitet, kann er mehr als das produzieren, was er braucht, um sich am Leben zu erhalten und anständig zu leben. Dies ist seit vielen Jahrhunderten so. Es ist schon seit jenen Zeiten so, als einander bekriegende Stämme die gefangenen Feinde zu versklaven begannen, anstatt sie zu töten. Natürlich ist die Fähigkeit des Menschen, solchen Überschuß herzustellen, immer größer geworden, bis zu unserem heutigen Zustand, da ein Arbeiter in einer Woche so viel Tuch herstellt, wie benötigt wird, um die Menschen eines Dorfes für ein ganzes Jahr zu kleiden. Die wirkliche Frage der Zivilisation ist immer die gewesen: Was haben wir Menschen mit dem so erzielten Überschuß angefangen? Eine Frage, zu der die Gespenster ›Angst und Hunger‹ und ›Lust auf Herrschaft‹ dem Menschen immer reichlich schlechte Antworten eingeflüstert haben, die allerschlechtesten in unseren Tagen, in denen der Überschuß mit geradezu wunderbarer Geschwindigkeit zunimmt. Die praktische Antwort hat für den Menschen immer in der Aufforderung bestanden, mit seinem Mitmenschen um einen Privatbesitz an den Anteilen dieses Überschusses zu kämpfen. Alle Arten von Vorkehrungen sind von jenen, die sich im Besitz der Macht befanden, getroffen worden, um den Überschuß anderen wegzunehmen und die so Beraubten in ständiger Unterwerfung zu halten. Letztere aber, das habe ich schon angedeutet, hatten keine Möglichkeit, sich dem zu widersetzen, solange sie wenige waren und verstreut lebten. Sie hatten infolgedessen auch kaum eine Vorstellung davon, daß man sie unterdrückte. Heute aber, da die Menschen gerade infolge der Gier nach solch ungerechtfertigten Anteilen am Profit oder nach dem Überschuß in bezug auf die Produktion voneinander abhängiger geworden und gezwungen sind, sich deswegen enger zu verbinden, hat sich die Macht der Arbeiter, also der bisher ausgeraubten und ausgebeuteten Klasse, ungemein gesteigert. Sie müssen sich jetzt nur noch der Tatsache bewußt werden, daß sie eine Macht sind. Wenn sie das tun, werden sie auch in der Lage sein, die richtige Antwort auf diese Frage zu geben, was mit den Überschüssen jenseits dessen, was den Arbeiter zur Arbeit tauglich erhält, geschehen soll. Die Antwort darauf lautet: Einmal wird der Arbeiter alles bekommen, was er herstellt. Er wird nicht mehr ausgebeutet werden. Erinnern Sie sich daran, daß er kollektiv produziert. Deswegen wird er auch die Arbeit wirklich leisten, die nach dem Maß seiner Fähigkeiten von ihm verlangt wird. Vom Ergebnis seiner Arbeit wird er erhalten, was er braucht. Mehr könnte er ohnehin nicht verwenden. Er könnte es höchstens verschwenden. Wenn Ihnen eine solche Regelung verglichen mit den gegenwärtigen Verhältnissen zu ideal vorkommt, muß ich vielleicht noch etwas hinzufügen.

Sobald die Menschen so organisiert sein werden, daß ihre Arbeit nicht mehr verschwendet wird, werden sie von der Furcht vor Hunger und dem Wunsch zu herrschen befreit sein. Sie werden Freizeit haben. Sie werden sich umsehen und dann erkennen, was sie wirklich brauchen.

Ich will Ihnen jetzt noch etwas von meinen Überzeugungen darlegen. Sie können dann meine Gedanken mit Ihren eigenen Vorstellungen vergleichen. Dabei sollten Sie sich daran erinnern, daß die Verschiedenheit in den Fähigkeiten und Wünschen der Menschen es leichter machen wird, diese in einem kommunistischen Gemeinwesen zu erfüllen, sofern erst einmal das allgemeine Bedürfnis nach Nahrung und nach einem Dach über dem Kopf befriedigt ist.

Welches sind nun meine tatsächlichen Bedürfnisse, die unter den erwähnten Umständen in den Beziehungen der Menschen zueinander durchaus erfüllt werden könnten, abgesehen von unvermeidlichen Zufällen, die sich durch menschliches Zusammenwirken und Voraussicht nie ganz werden regeln lassen?

Nun, zunächst wünsche ich mir Gesundheit. Ich behaupte, die Mehrzahl der Menschen in unserer Zivilisation weiß kaum, was damit gemeint ist. Mein Lebendigsein als Vergnügen zu empfinden, Freude zu haben bei der Bewegung eines Armes oder eines Beines, bei der Betätigung der Körperkräfte, mit Sonne und Wind zu spielen, die Freude, den angemessenen Appetit des Tieres Mensch ohne Furcht vor Erniedrigung und ohne Schuldgefühle zu befriedigen: ja, und dabei wohlgebildet, mit geraden Gliedmaßen, einer guten Kondition, einem ausdrucksstarken Aussehen ... in einem Wort: schön zu sein, auch dies beanspruche ich, und ich beanspruche es entgegen all jenen schrecklichen Doktrinen des Asketentums, die aus der Verzweiflung der Unterdrückten entstanden sind und über Jahrhunderte hin als Werkzeuge für Unterdrückung und Erniedrigung gebraucht wurden. Und ich glaube, daß diese Forderung nach einem gesunden Körper für jeden von uns alle anderen berechtigten Ansprüche nach sich zieht. Denn wo sonst liegen die Wurzeln jener Krankheit, an der selbst reiche Leute leiden? Im Luxusleben ihrer Vorfahren ... vielleicht, öfter jedoch, wie ich vermute, in der Armut. Und was die Armen angeht, ein hervorragender Arzt hat gesagt, daß die Armen immer an einer Krankheit leiden – an Hunger, und wenigstens eins weiß ich: ein Mann, der in einem Maß überarbeitet ist, daß er sich dieser Art von Gesundheit nicht erfreut, von der ich sprach, ein Mensch, der gekettet ist an eine geisttötende mechanische Arbeit, ohne Hoffnung auf Änderung, ein Mensch, der ständig darum bangen muß, ob er genug zum Leben hat, der kein ordentliches Heim besitzt, den man aller Freuden über die natürliche Schönheit der Welt beraubt hat, ein Mensch, der kein Vergnügen mehr kennt, das seinen Geist von Zeit zu Zeit anregt, ein Mensch, dem all dies fehlt, der zu alldem verdammt ist, wird mehr oder minder direkt davon in seiner physischen Kondition beeinträchtigt sein, dies ist verknüpft mit meiner Forderung und meinem Anspruch auf Gesundheit. Ich bin in der Tat der Meinung, daß günstige Bedingungen in all diesen Bereichen über mehrere Generationen hin bestehen müssen, ehe man Menschen wirklich als gesund bezeichnen kann. Aber ich zweifle auch nicht daran, daß Menschen, die so leben, im Lauf der Zeit und unter der Voraussetzung von Bedingungen, von denen hernach noch die Rede sein wird, eine Bevölkerung hervorbringen werden, die sich ihres physischen Daseins freut. An diesem Punkt sollte ich anmerken, daß die Variationen menschlichen Aussehens von den Bedingungen hervorgerufen werden, unter denen Menschen existieren. Obwohl wir in den etwas rauheren Gegenden der Welt leben und uns manche Vorteile des Klimas und der Umgebung abgehen, würde es uns doch, sofern wir für unseren Lebensunterhalt und nicht mehr für Profit arbeiten, gelingen, viele dieser Nachteile unseres Klimas auszugleichen, wenigstens in einem Grad, der ausreicht, die volle Entwicklung des Menschengeschlechts zu ermöglichen.

Das nächste, was ich beanspruche, ist Bildung. Sagen Sie mir bitte jetzt nicht, jedes Kind in England sei aber gebildet. Mit der Art von Bildung, wie wir sie jetzt haben, gebe ich mich nicht zufrieden, wenngleich ich gern zuzugeben bereit bin, daß sie ein Anfang ist, ein Anfang und doch nur eine Klassenbildung. Was ich fordere, ist eine freiheitliche Erziehung und Bildung, die Möglichkeit, meinen Anteil an jeglichem Wissen, das es auf der Welt gibt, zu erlangen, gemäß meiner Fähigkeit, meiner Neigung, meinem Bewußtsein, historisch und wissenschaftlich. Die Möglichkeit auch zu haben, mir meinen Teil an handwerklichen Fähigkeiten anzueignen, entweder in einem Handwerk selbst oder in einer der schönen Künste. Malerei, Bildhauerei, Musik, Schauspiel und dergleichen sollten, so fordere ich, gelehrt werden, sofern man sie überhaupt lehren kann, nicht nur als eine auszuübende Fertigkeit, sondern vor allem im Hinblick auf den Gewinn für die Gemeinschaft. Sie können jetzt sagen, dies sei aber eine sehr weitreichende Forderung. Ich meine jedoch, daß diese Forderung nicht übertrieben ist, wenn die Gemeinschaft auch einen Nutzen aus diesen besonderen Fähigkeiten zieht. Wir dürfen uns nicht durch einen Sog, dem sich nur die Allerstärksten und Allerbegabtesten widersetzen können, auf jenes Niveau dumpfer Mittelmäßigkeit herabdrükken lassen, wie wir es aus der Gegenwart kennen.

Aber ich weiß zugleich, daß diese Forderung nach Bildung Vorteile für die Öffentlichkeit in Form von öffentlichen Büchereien, Schulen und dergleichen einschließt, wie sie sich keine Privatperson, nicht einmal die reichste, leisten könnte. Dies fordere ich voller Vertrauen und bin sicher, daß keine vernünftige Gemeinschaft von Menschen es wird ertragen können, ohne solche Hilfsmittel im Hinblick auf ein anständiges Leben auszukommen.

Die Forderung nach Bildung schließt die Forderung nach genügend Freizeit mit ein. Ich erhebe diese Forderung voller Vertrauen, denn wenn wir erst einmal die Sklaverei des Profits abgeworfen haben, wird sich Arbeit so verschwendungsfrei organisieren lassen, daß keine schwere Bürde mehr auf dem einzelnen Bürger lastet. Jeder freilich würde seinen Teil von jener offensichtlich nützlichen Arbeit übernehmen müssen. Gegenwärtig werden ja all diese erstaunlichen Maschinen, die wir erfunden haben, nur dazu genutzt, die Menge der profitbringenden Waren zu vermehren. Mit anderen Worten: Sie vermehren nur die Menge an Profit, die einzelne zu ihrer eigenen Bereicherung einstecken. Einen Teil davon benutzen sie wiederum als Kapital, um noch mehr Profit zu erzielen, dem wieder der schon bekannte Verschwendungseffekt innewohnt. Zum anderen Teil bildet sich so privater Reichtum, Mittel zu einem luxuriösen Lebensstil, der wiederum glatte Verschwendung darstellt und den man, anders ausgedrückt, auch als eine Art von Feuerwerk beschreiben kann, in dem nämlich die Reichen das Produkt der Arbeit verbrennen, das sie den Arbeitern abgenommen haben und das diese selbst nicht benutzen können. Es ist doch so: Trotz unserer Erfindungen arbeitet keiner im gegenwärtigen System dank der sogenannten arbeitssparenden Maschinen auch nur eine Stunde weniger. In glücklicheren Verhältnissen würden diese Maschinen tatsächlich arbeitssparend benutzt werden, mit dem Ergebnis, daß eine gewaltige Menge an Freizeit gewonnen würde. Hinzu käme, was sich durch die Vermeidung von Verschwendung in Form von nutzlosem Luxus und durch die Abschaffung der Dienstpflicht für den Handelskrieg einsparen läßt.

Ich will noch sagen, wenn es einen solchen Zuwachs an Muße gäbe, würde niemandem daraus ein Nachteil erwachsen. Im Gegenteil, es hätte auch sein Gutes für die Gemeinschaft. Indem ich Künste ausübe oder meine Hände und mein Hirn beschäftige, würde ich vielen Bürgern Vergnügen bereiten. Mit anderen Worten, ein beträchtlicher Teil der besten Arbeit würde in der Freizeit des Menschen getan werden, weil alle Menschen, ja selbst die Tiere, sofern man ihnen die Angst nimmt, für ihren Lebensunterhalt sorgen zu müssen, sich auf die Verwirklichung ihrer besonderen Begabung verlegen.

Weiterhin würde es mir eine solche Freizeit ermöglichen, mein Bewußtsein durch Reisen zu erweitern, denn unter der Voraussetzung einer entsprechenden sozialen Ordnung ist es keineswegs selbstverständlich, daß ich immer gezwungen sein würde, meine Schuhe an ein und demselben Ort herzustellen. Eine entsprechende Anzahl leicht vorstellbarer Vereinbarungen würde es mir ermöglichen, für drei Monate meine Schuhe in Rom zu produzieren, mit neuen Herstellungsideen, die sich aus der Besichtigung von Arbeiten aus vergangenen Zeiten ergeben. Dann könnte ich nach London zurückkehren, wo die Erfahrungen vielleicht von Nutzen sein könnten und es wieder anderes gibt, was mich verlockt. Damit aber nun diese meine Muße nicht zu Müßiggang und Ziellosigkeit verkommt, muß ich eine Forderung nach angemessener Arbeit erheben. Nichts in meinem Bewußtsein scheint mir so wichtig wie diese Forderung, und ich bitte Sie, mir zu diesem Punkt noch einige Worte zu gestatten. Ich habe erwähnt, daß ich wahrscheinlich meine Freizeit dazu nutzen würde, um ein gut Teil von dem zu tun, was heute mit Arbeit bezeichnet wird. Es ist jedoch klar, daß ich als Mitglied eines sozialistischen Gemeinwesens meinen Anteil an härterer, unbeliebterer Arbeit leisten muß, jenen gerechten Anteil, den ich gemäß meinen Fähigkeiten zu leisten imstande bin. Ich brauche mich zwar nicht auf ein Prokrustesbett strecken zu lassen, aber selbst dieser Anteil an Arbeit, der für die Existenz des einfachsten sozialen Lebens notwendig ist, muß, worin auch immer er bestehen mag, vernünftige Arbeit sein, Arbeit, deren Notwendigkeit ein guter Staatsbürger einsieht. Als Mitglied einer Gemeinschaft muß ich mich bereitfinden, solche Arbeit zu leisten.

Um zwei deutliche Beispiele für das Gegenteil zu geben: Ich würde es nicht zulassen, daß man mich in eine rote Uniform steckt und mich dann zwingt loszumarschieren, um auf meine französischen, deutschen oder arabischen Freunde zu schießen, in einer Auseinandersetzung, deren Veranlassung ich nicht begreife. Ich würde mich eher auflehnen, als das zu tun. Ich würde mich auch nicht dazu hergeben, meine Zeit und Energie damit zu verschwenden, ein unbedeutendes Spielzeug herzustellen, von dem ich weiß, daß nur ein Narr danach verlangt. Wenn man mich zu derlei zwingt, würde ich rebellieren.

Sie können indessen sicher sein, daß es bei Bestehen einer gerechten sozialen Ordnung nicht nötig sein würde, mich solch unvernünftigen Forderungen zu widersetzen. Ich war nur genötigt, von der Art, wie wir leben, auszugehen, um zu zeigen, wie wir leben könnten.

Ist die notwendige, vernunftgemäße Arbeit mechanischer Art, werde ich mir dabei von einer Maschine helfen lassen, nicht um meine Arbeit zu verbilligen, sondern um dabei so wenig Zeit zu verbringen wie eben möglich. Außerdem bin ich bei der Bedienung der Maschine in der Lage, an andere Dinge zu denken. Wenn die Arbeit besonders hart und erschöpfend ist, werde ich mich bei ihr – das werden Sie bestimmt nicht anders sehen als ich – mit anderen abwechseln. Ich glaube, man kann beispielsweise nicht erwarten, daß ich meine Arbeitsstunden immer in einer Kohlengrube verbringe. Ich bin der Ansicht, Arbeit wie diese sollte soweit wie irgend möglich freiwillige Arbeit sein und dann nur für eine bestimmte Periode ausgeübt werden. Was ich über schwere Arbeit gesagt habe, gilt erst recht für unangenehme Arbeit. Andererseits halte ich wenig von einem kräftigen und gesunden Menschen, dem die Verrichtung schwerer Arbeit nicht Vergnügen bereitet. Immer unter der Voraussetzung, daß der Betreffende die Gewißheit hat, seine nützliche (und insofern auch ehrenvolle) Arbeit dauere nicht endlos und er verrichte sie aus freien Stücken. Die letzte Forderung in bezug auf Arbeit wäre, daß die Fabriken und Werkstätten, in denen Menschen schaffen, angenehm sein sollten, gerade so wie die Felder, auf denen wir unsere notwendigste Arbeit verrichten, angenehm sind.

Glauben Sie mir, es gibt nichts auf der Welt, das dem entgegenstehen würde, außer der Notwendigkeit, mit allen Waren Profite zu erzielen. Mit anderen Worten: Die Waren werden billig auf Kosten der Menschen, die man zur Arbeit in überfüllten, ungesunden, ekligen und lärmigen Löchern zwingt, und das bedeutet: Sie werden billig gehalten auf Kosten der Lebensumstände der Arbeiterklasse.

Soviel an Forderungen hinsichtlich notwendiger Arbeit! Soviel über meinen Tribut an die Gemeinschaft. Ich glaube, Menschen werden in dem Maß, in dem ihre Fähigkeit zunimmt, nach vernünftigen sozialen Grundsätzen zu leben, feststellen, daß ein solches Leben weit weniger Aufwand erfordert, als wir uns das jetzt vorstellen können.

Nach kürzester Zeit würde es dahin kommen, daß sich die Menschen nicht vor der Arbeit drücken, sondern nach ihr verlangen würden, daß unsere Arbeitsstunden fröhliche Zusammenkünfte von Männern und Frauen wären, jung und alt an der Arbeit seine Freude hätte, statt sie, wie das heute meist der Fall ist, als verdrießliche Mühe zu erleben. Dann käme die Zeit für eine neue Geburt der Kunst, von der so viel geredet wurde, die sich so lange hinausgezögert hat. Die Menschen könnten nicht umhin, ihre Freude und ihr Vergnügen in ihre Arbeit mit einzubringen und diese in einer mehr oder minder dauerhaften Form auszudrücken. Die Werkstätten würden einmal mehr zur Schule der Kunst, deren Einfluß sich niemand entziehen könnte.

Das Wort Kunst führt mich zu meiner letzten Forderung, der nämlich, daß meine materielle Umwelt angenehm, großzügig und schön sein soll. Ich weiß wohl, dies ist ein großer Anspruch, doch lassen Sie mich noch dies hinzufügen: Wenn er nicht befriedigt werden kann, wenn es nicht jedem zivilisierten Gemeinwesen gelingt, für sich und seine Angehörigen eine solche Umgebung zu schaffen, dann wünsche ich nicht, daß die Welt fortbesteht.

Bisher hat der Mensch tatsächlich im Elend gelebt. Ich meine, unter den gegebenen Umständen kann man diesen Punkt gar nicht nachdrücklich genug betonen. Ich bin davon überzeugt, es wird eine Zeit kommen, in der Menschen es schwer verständlich finden werden, daß eine reiche Gemeinschaft wie die unsrige, die die äußere Natur beherrscht, Menschen zu dem gemeinen, schäbigen und schmutzigen Leben zwingt, das wir führen.

Und ein für allemal, es gibt nichts außer der Jagd nach Profit, was uns dazu zwingt. Es ist der Profit, der Menschen in jene enormen, unverwaltbaren Ansammlungen zieht, die Städte genannt werden. Es ist der Profit, der sie in Stadtvierteln ohne Gärten und offene Plätze zusammenpfercht. Aus Profitsucht werden auch nicht die elementarsten Schutzmaßnahmen dagegen ergriffen, daß ein ganzer Distrikt in Wolken von Schwefeldampf gehüllt wird. Profit läßt aus schönen Flüssen gemeine Abwässer werden. Profit verdammt alle, außer die Reichen, in Häusern zu leben, die erschreckend eng und begrenzt sind, oder in noch übleren Gebäuden, für deren Erbärmlichkeit es keine Worte gibt.

Ich sage, es ist fast unglaublich, daß wir einen so offensichtlichen Wahnsinn einfach hinnehmen. Wir würden es wohl auch nicht, wenn sich etwas dagegen tun ließe. Solcher Wahnwitz müßte nicht hingenommen werden, wenn man den Arbeitern ausreden könnte, daß sie immer nur Anhängsel des Profitmachens bleiben werden. Sie müßten durchschauen lernen: mehr Profite heißt nicht zwangsläufig auch höhere Löhne. Sie müßten begreifen: all dieser unglaubliche Schund, diese Unordnung und Erniedrigung, die mit der modernen Zivilisation verbunden sind, stellen nicht Zeichen des Wohlstandes dar, sondern Zeichen der Sklaverei. Sobald sie nicht länger Sklaven sind, werden sie selbstverständlich fordern, daß jeder Mensch, jede Familie großzügig wohnt, daß jedes Kind in der Lage sein sollte, nahe dem Platz, an dem seine Eltern leben, in einem Garten zu spielen, daß Häuser durch ihre Bauweise und Ausstattung zu Zierstücken in der Natur werden und nicht zu Schandflecken.

Eine anständige, also menschenwürdige Ausstattung und Ordnung würde ganz von selbst mit sich bringen, daß diese Bauten schön wirken. All dies freilich setzt Menschen voraus – also eine Gesellschaft –, die entsprechend organisiert sind, Menschen, die Verfügungsgewalt über die Produktionsmittel haben, welche nicht länger dem Individuum gehören, sondern von allen genutzt werden. Unter anderer gesellschaftlicher Voraussetzung würden die Menschen weiter darauf bestehen, privaten Reichtum für sich anzuhäufen und dabei, wie wir gesehen haben, die Güter der Gemeinschaft verschwenden. Die Trennung in Klassen würde fortbestehen und damit auch der beständige Krieg und die Verwüstung.

Bis zu welchem Ausmaß es für Menschen nötig oder wünschenswert ist, in einer auf Gemeinsinn ausgerichteten sozialen Ordnung zu leben, darüber mögen unsere Meinungen weit auseinandergehen, je nachdem, ob wir mehr oder weniger gesellig veranlagt sind. Ich für meinen Teil kann keine unzumutbare Härte darin sehen, daß Menschen, die gemeinsam arbeiten, auch gemeinsam essen. Ich bin sicher, daß es bei vielen Dingen, so bei kostbaren Büchern, Bildern und Glanzleistungen, bei der Ausschmückung unserer Umwelt, besser sein wird, unsere Mittel zusammenzulegen, und ich muß sagen, daß mir oft übel geworden ist angesichts der Lächerlichkeit dieser blödsinnigen Kaninchenställe, die reiche Leute für sich selbst in Bayswater und anderswo gebaut haben. Ich habe mich dann mit Visionen von edlen Gemeinschaftshäusern der Zukunft getröstet, bei denen am Material nicht gespart werden muß und es großzügige, geschmackvolle Ornamente gibt, in denen die besten Gedanken unserer Zeit und der Vergangenheit lebendig sind, verkörpert durch die beste Kunst, die freie und aufrechte Menschen hervorbringen können.

Solchen Wohnstätten würde kein Privatunternehmen an Schönheit und Nützlichkeit nahekommen, da nur aus gemeinsamem Denken und Leben Bestrebungen erwachsen können, die solche Schönheit hervorzubringen vermögen. Ich für meinen Teil würde es gerade für das Gegenteil von Unbequemlichkeit erachten, wenn ich meine Bücher an einem solchen Platz lesen müßte oder dort meine Freunde treffen würde. Ich bin nicht der Ansicht, daß es sich in einem vulgären, stuckverzierten Haus, vollgestopft mit Polstermöbeln, die ich verachte, die meinen Geist herabwürdigen und meinen Körper schädigen, nur deswegen besser leben läßt, weil es mein Eigentum ist.

Es ist keine originelle Bemerkung, aber trotzdem mache ich sie hier: Mein Heim ist dort, wo ich Menschen treffe, für die ich Sympathie empfinde, Menschen, die ich liebe. Dies ist meine Meinung als Mann der Mittelklasse. Ob ein Arbeiter den Familienbesitz eines elend kleinen Zimmers für besser hielte als einen Anteil an jenem Palast, von dem ich gesprochen habe, muß ich seiner Entscheidung überlassen und der Einbildungskraft der Mittelklasse, die aber vielleicht auch einmal daran denken sollte, wie beengt und in seiner Bequemlichkeit eingeschränkt ein Arbeiter lebt ... sagen wir, wenn Waschtag ist.

Ehe ich dieses Thema verlasse, möchte ich noch einem möglichen Einwand begegnen: Ich habe davon gesprochen, daß Maschinen freizügig dazu benutzt werden sollten, Menschen von mehr mechanischer und abstoßender, jedoch notwendiger Arbeit zu befreien.

Nun weiß ich, daß es kultivierte Menschen gibt, Menschen mit künstlerischem Bewußtsein, denen Maschinen besonders widerlich sind. Sie behaupten, solange es Maschinen gäbe, werde man nie eine angenehme Umwelt schaffen können. Ich bin nicht ganz ihrer Meinung. Es ist doch der Umstand, daß wir es Maschinen gestatten, uns zu beherrschen, und sie nicht nur als unsere Diener gebrauchen, der heutzutage der Schönheit des Lebens ins Gesicht schlägt. Mit anderen Worten, es ist dies der Hinweis auf ein schreckliches Verbrechen, das wir unbewußt begehen. Wir mißbrauchen unsere Herrschaft über die Naturkräfte zur Versklavung der Menschen und merken dabei schon gar nicht mehr, wieviel Glück dem menschlichen Leben auf diese Weise entzogen wird.

Zur Beruhigung der Künstler will ich sagen: Ich glaube, daß ein Zustand sozialer Ordnung zuerst zu einer Entwicklung von Maschinen führen würde, die für nützliche Zwecke gebraucht werden könnten, und zwar deshalb, weil die Menschen noch Probleme damit haben werden, wie sie die zum Zusammenhalt der Gesellschaft erforderliche Arbeit bewältigen sollen. Nach einer Weile erst werden sie feststellen, daß es gar nicht so viel Arbeit zu tun gibt, wie sie erwartet haben. Dann bleibt ihnen Muße, dieses Problem noch einmal zu überdenken. Wenn sie nun zu der Überzeugung kommen sollten, daß sich eine bestimmte Tätigkeit mit größerer Genugtuung für den Arbeiter und mit günstigeren Ergebnissen im Hinblick auf die Qualität der Erzeugnisse besser durch Hand- als durch Maschinenarbeit erledigen läßt, werden sie bestimmt die entsprechenden Maschinen aufgeben. Dann ist es möglich für sie, so vorzugehen. Jetzt ist es nicht möglich. Es steht uns nicht frei, so zu handeln. Wir sind Sklaven der Untiere, die wir geschaffen haben. Ich habe die Hoffnung, daß gerade die Vervollkommnung der Maschinen in einer Gesellschaft, die nicht unbedingt auf Vermehrung der Arbeit, sondern auf Vermehrung des Lebensgenusses aus ist, schließlich zu einer Vereinfachung des Lebens und somit auch zu einer Begrenzung der Zahl der Maschinen führen wird.

Damit genug der Forderungen! Lassen Sie mich aber diese jetzt noch einmal zusammenfassen: erstens ein gesunder Körper, zweitens ein aktiver Geist mit Interesse an Vergangenheit, Gegenwart und Zukunft, drittens Beschäftigungen, die einem gesunden Körper angemessen sind und einem aktiven Geist entsprechen, und viertens eine schöne Welt, um darin zu leben.

Dies sind die Lebensbedingungen, die gebildete Menschen zu allen Zeiten als erstrebenswertes Ziel betrachten. Zu oft aber ist der Mensch, indem er dieses Ziel verfolgte, derart ermattet, daß er sehnsuchtsvoll seinen Blick rückwärts wandte, in jene Tage vor Bestehen der Zivilisation, als die einzige Beschäftigung des Menschen darin bestand, sich von Tag zu Tag seine Nahrung zu suchen. Die Hoffnung auf jenes Ziel schlief ein. Oder aber der Mensch verfügte über keine Ausdrucksmittel für sie.

Wenn die Zivilisation (wie manche meinen) der Verwirklichung einer solchen Hoffnung im Wege steht, verhindert sie das Glück der Menschheit.

Sollte dies tatsächlich der Fall sein, sollten wir unbesehen alles Streben nach Fortschritt aufgeben. Laßt uns dann all das Gerede von gegenseitigem

Verständnis und von Liebe unter den Menschen einfach vergessen. Jeder sollte sich von dem großen Haufen Reichtum so viel grapschen, wie er nur grapschen kann. Als wäre dieser Reichtum nur von Narren dazu geschaffen worden, damit Schurken dick und fett werden. Oder besser: laßt uns so rasch wie möglich nach Mitteln und Wegen Ausschau halten, um wie Menschen zu sterben, da es uns doch in diesem Fall verboten wäre, wie Menschen zu leben.

Am besten ist es jedoch, Mut zu schöpfen und darauf zu vertrauen, daß wir in diesem Zeitalter, trotz aller Qualen und Unordnung, eine wunderbare Erbschaft antreten, geprägt durch die Arbeit derer, die vor uns waren, und daß der Tag heraufkommt, an dem die Organisation des Menschengeschlechts sich vollzieht. Nicht wir sind es, die diese neue soziale Ordnung aufbauen können. Die vergangenen Zeiten haben die meiste Arbeit für uns schon getan. Aber wir können unseren Blick für die Zeichen der Zeit schärfen. Wir werden dann erkennen, daß es für uns möglich ist, ein besseres Dasein herbeizuführen, daß unsere Aufgabe darin besteht, unsere Hände danach auszustrecken, es zu erringen.

Und wie könnte es dahin kommen? Hauptsächlich, glaube ich, durch die Erziehung des Volkes zum Bewußtsein seiner wahren Menschlichkeit. Es sollte erkennen, wie es die politische Macht, die ihm nun rasch zufallen dürfte, zu seinem eigenen Besten verwenden kann. Es sollte sich die Einsicht durchsetzen, daß das alte System der Organisation der Arbeit zugunsten einzelner unhaltbar geworden ist und daß das ganze Volk nun zu wählen hat zwischen Verwirrung, die sich aus dem Zusammenbruch des alten Systems ergibt, oder der Entschlossenheit, die Arbeit, die jetzt dazu organisiert ist, nur Profit hervorzubringen, in die Hand zu nehmen und sie zur Organisation der Lebensgrundlagen zu nutzen.

Man muß den Leuten zeigen, daß individuelle Profitmacher nicht notwendig und unauflösbar zur Arbeit gehören, sondern diese vielmehr zerstören, und zwar nicht nur oder hauptsächlich, weil sie ständige Kostgänger der Arbeit sind, was auch zutrifft, sondern mehr noch wegen der Verschwendung, die ihre Existenz als Klasse notwendigerweise mit sich bringt. All dies haben wir dem Volk klarzumachen, nachdem wir es zuvor uns beigebracht haben. Ich gebe zu, dies wird eine langwierige und mühsame Arbeit werden. Als ich mich an ihr zu beteiligen begann, waren die meisten Menschen durch Furcht vor Hunger noch so eingeschüchtert, daß selbst die Unglücklichsten unter ihnen nur schwer zu bewegen waren, sich mit zu engagieren.

Hart, wie diese Arbeit nun einmal ist – ihr Lohn steht außer Zweifel.

Die bloße Tatsache, daß eine Gruppe von Menschen, klein zwar noch, aber doch im Zunehmen begriffen, sich als sozialistische Missionare zusammenschließt, beweist, daß die Veränderung in Gang gekommen ist. Wenn die Arbeiterklasse, dieser wahrhaft organische Teil der Gesellschaft, diese Ideen aufnimmt, wird die Hoffnung wachsen, und es werden Veränderungen in der Gesellschaft gefordert werden. Viele werden nicht direkt auf Emanzipation hinauslaufen, weil sie ohne hinreichendes Wissen um etwas Entscheidendes erhoben werden, nämlich die Gleichheit der Bedingungen. Aber all dies wird indirekt dennoch dazu beitragen, unsere verkommene, im Schund erstickende Gesellschaft zusammenbrechen zu lassen. Das Verlagen nach Chancengleichheit wird beständig und mit immer lauterer Stimme erhoben werden, bis auf diesen Anspruch gehört werden muß. Zuletzt wird es nur noch eines Schrittes darüber hinaus bedürfen, und die zivilisierte Welt wird sozialisiert sein. Wenn wir dann zurückschauen auf das, was geschehen ist, werden wir erstaunt sein, daß wir ein solches Leben, wie wir es jetzt führen, so lange ertragen und hingenommen haben.

DIE ZIELE DER KUNST

Wenn ich über die Ziele der Kunst nachdenke, mich also frage, warum Menschen unter Mühen Kunst ausüben und weshalb sie Kunst schätzen, sehe ich mich genötigt, von jenem Angehörigen der Spezies Mensch her zu verallgemeinern, über den ich am meisten weiß, nämlich von mir.

Wenn ich mir dann überlege, was ich mir wünsche, finde ich, daß dafür keine andere Bezeichnung angemessen ist als das Wort ›Glück‹. Ich möchte glücklich sein, während ich lebe. Was den Tod angeht, den noch nicht erlebten, so besitze ich keine Vorstellung davon, was er bedeutet, und kann auch meinen Geist nicht dazu bringen, lange bei ihm zu verweilen. Ich weiß, was es heißt zu leben. Was es bedeutet, tot zu sein, kann ich hingegen nicht einmal vermuten. Nun denn: ich will glücklich sein und, verallgemeinernd ausgedrückt, manchmal sogar lustig. Es fällt mir schwer zu glauben, daß dies kein universeller Wunsch ist. Was immer zu diesem Ziel hinführt – ihm gilt meine ganze Intensität.

Wenn ich nun mein Leben weiter betrachte, so finde ich, daß es unter dem Einfluß von zwei dominierenden Stimmungen verläuft, die ich in Ermangelung besserer Worte den Drang zur Tätigkeit und den Drang zum Müßiggang nennen will. Von diesen zwei Stimmungen verlangt bald die eine, bald die andere danach, befriedigt zu werden.

Wenn mich Tätigkeitsdrang überkommt, muß ich etwas tun, sonst werde ich übelgelaunt und unglücklich; wenn der Drang zum Müßiggang sich einstellt, empfinde ich es tatsächlich als Härte, nicht ausruhen zu können und den verschiedenartigen Bildern nachzusinnen – manche angenehm, manche schrecklich –, die ich durch meine Erfahrungen oder durch die Begegnung mit den Gedanken anderer, Toter und Lebender, in mich aufgenommen habe. Wenn allerdings die Umstände es mir nicht erlauben, mich diesem erwünschten Müßiggang hinzugeben, weiß ich, daß ich bestenfalls eine Zeit des Unbehagens durchmachen muß, ehe es mir gelingt, meinen Tätigkeitsdrang wieder anzuspornen, welcher dann die andere Stimmung verdrängt und mich wieder glücklich sein läßt.

Wenn mir nun aber kein Mittel zur Verfügung steht, mit dem ich den Tätigkeitsdrang dazu anregen kann, seine Pflicht zu tun und mich glücklich zu machen, wenn ich schwer zu arbeiten habe, während ich das Bedürfnis nach Müßiggang in mir spüre, so bin ich wirklich unglücklich und wünschte fast, ich wäre tot, obwohl ich doch, wie gesagt, gar nicht weiß, was das bedeutet.

Weiterhin habe ich festgestellt, daß es mir in der Stimmung zu Müßiggang Freude macht, mich zu erinnern, während mich beim Tätigkeitsdrang Hoffnung erfüllt; eine Hoffnung, die sich manchmal groß und ernsthaft darstellt, manchmal wieder recht trivial ist.

Doch ohne sie gibt es keine Tätigkeit, bei der ich Glück empfinde.

Während ich manchmal diesen Drang durch bloße Verrichtung einer Arbeit, die keinem anderen Zweck dient als dem, die Zeit herumzubringen, kurz, durch Spiel befriedigen kann, werde ich andererseits dessen sehr rasch überdrüssig, wird es mir langweilig, weil die Hoffnung dabei zu trivial und zuweilen kaum auf Wirkliches gerichtet ist. Dann muß ich etwas tun oder mir einreden, ich würde etwas tun, um den mich beherrschenden Tätigkeitsdrang zu befriedigen. Ich glaube, daß das Leben aller Menschen von diesen beiden Stimmungen, die freilich bei den Individuen in unterschiedlichem Mischungsverhältnis auftreten, beherrscht wird. Dies erklärt, warum sie, mit mehr oder minder großer Mühe, Kunst ausgeübt und geschätzt haben.

Warum sollten sie sich sonst damit abgeben? Warum sollten sie jene Arbeit vermehrt haben, die für sie aus Gründen des Lebensunterhalts notwendig wird?

Nur in sehr hochentwickelten Zivilisationen gelang es dem Menschen, der Kunstwerke herstellte, andere zu veranlassen, für seinen Lebensunterhalt aufzukommen. Hingegen wissen wir von allen Menschen, die irgendeine wahrnehmbare Spur ihres Daseins hinterlassen haben, daß sie sich künstlerisch betätigten.

Ich nehme an, niemand wird bestreiten wollen: ein Kunstwerk wird immer mit dem Endziel gemacht, jemandem zu gefallen, jemandem, der ein entsprechendes Bewußtsein dazu in sich entwickelt hat. Es wurde immer für jemanden hergestellt, der dadurch glücklicher wurde. Sein Müßiggang, seine friedvolle Stimmung wurden davon erhellt, so daß ein Unbehagen, welches sich mit diesem Zustand als Übel verbindet, angenehmer Kontemplation, Träumen oder wie sonst Sie es nennen wollen, Platz machte. So wurde erreicht, daß der Mensch nicht so rasch in seine arbeitsame oder energiebesetzte Stimmung zurückkehrte.

Die Auflösung der Ruhelosigkeit ist deshalb eindeutig eines der wesentlichen Ziele von Kunst. Es gibt wenig Dinge, welche die Lebensfreude mehr erhöhen als sie.

Es gibt, wie ich weiß, heute begabte Leute, die kein anderes Laster als das der Ruhelosigkeit haben, deren Leben unter keinem anderen Fluch steht. Aber dies ist genug, dies ist ›der Sprung im Holz der Laute‹. Ruhelosigkeit macht sie zu unglücklichen Menschen und schlechten Bürgern.

Wenn wir nun einmal annehmen, daß dies die wichtigste Funktion ist, die Kunst erfüllt, stellt sich als nächstes die Frage: Was ist der Preis, den wir für sie zu zahlen haben? Ich habe zugeben müssen, daß die Ausübung von Kunst der Arbeit des Menschengeschlechts als zusätzliche Arbeit hinzuzufügen ist. Genau genommen trifft aber das nicht zu. Hat, so wäre doch zu fragen, Kunst, indem sie das Maß an Arbeit des Menschen vermehrt, auch dessen Unbehagen damit wachsen lassen? Es hat immer Menschen gegeben, die diese Frage sofort mit ›Ja‹ beantwortet haben.

Man könnte sagen, daß es zwei Gruppen von Menschen gab und gibt, die Kunst ablehnen, sie als verwirrende Narrheit verdammen und verachten.

Außer den frommen Asketen, die sie als eine weltliche Verlockung ansehen, welche den Menschen davon abhält, sich mit seinem Denken auf die

Chancen seiner individuellen Glückseligkeit oder seines Elends in der nächsten Welt zu konzentrieren, die also, kurz gesagt, deswegen Kunst hassen, weil sie zum Glück des Menschen in dieser Welt gehört, gibt es Leute, die den Lebenskampf von einem außerordentlich vernunftbezogenen Standpunkt aus betrachten. Sie verdammen Kunst deshalb, weil sie der Meinung sind, sie trage zur Sklaverei des Menschen bei, indem sie die Summe seiner mühevollen Arbeiten vergrößere.

Angenommen, dies sei der Fall, so wäre meiner Ansicht nach immer noch zu fragen, ob es nicht wert sei, die Mühe zusätzlicher Arbeit auf sich zu nehmen, um für die Zeit der Muße und Ruhe noch zusätzlichen Genuß hinzuzugewinnen, wobei wir das Moment der Gleichheit unter den Menschen voraussetzen.

Es scheint mir nicht richtig, wenn die Ausübung von Kunst der mühevollen Arbeit zugerechnet wird. Wäre dies nämlich so, Kunst hätte unter den Menschen nie aufblühen können. Gewiß aber wäre sie dann nicht schon bei den Völkern vorhanden, bei denen sich erst so etwas wie Keime von Kultur zu regen beginnen.

Mit anderen Worten, ich bin der Meinung, daß Kunst nicht das Resultat von äußerem Zwang sein kann. Die Arbeit, die bei ihrer Herstellung aufgewendet wird, geschieht freiwillig. Sie wird zu einem Teil um der Arbeit selbst willen geleistet, zum anderen Teil um der Hoffnung willen, etwas herzustellen, das, wenn es fertig ist, dem Benutzer Vergnügen bereitet. Man könnte auch sagen, diese Mehrarbeit – wenn es sich um eine Mehrarbeit handelt – wurde mit dem Ziel geleistet, den Tätigkeitsdrang dadurch zu befriedigen, daß man ihn auf etwas lenkt, dessen Schaffung die dabei aufgewandte Mühe lohnt. Somit wird der Arbeitende während seiner Tätigkeit mit einer lebendigen Hoffnung erfüllt, die er als unbedingten, unmittelbaren Genuß wahrnimmt.

Es ist für jemanden, der keine Kunst ausübt, schwer zu verstehen, daß dieses ganz bestimmte sinnliche Vergnügen immer anwesend ist, wenn ein geschickter Arbeiter erfolgreich arbeitet, und daß es zumindest in dem Maß zunimmt, wie bei dem entstehenden Werk Freiheit waltet und Eigenart sich verwirklichen kann.

Nun ist es aber so, daß dieser Genuß an Arbeit nicht nur bei der Herstellung von Kunstprodukten eintritt, also bei Gemälden, Statuen usw. Vielmehr ist er Teil der Arbeit gewesen und sollte immer Teil der Arbeit sein. Nur so werden alle dem Tätigkeitsdrang innewohnenden Bedürfnisse befriedigt.

Deshalb ist das Ziel von Kunst die Vermehrung des menschlichen Glücks; indem sie des Menschen Muße mit Schönheit und Interesse erfüllt, sorgt sie dafür, daß Ruhe nicht ermüdet.

Indem sie der Arbeit Hoffnung und sinnliches Vergnügen hinzufügt, wird diese genußreich. Sie bringt also durch Hoffnung, Schönheit und die Erweckung von Interesse neue Elemente in den Tätigkeitsdrang und in den Zustand des Müßigseinwollens ein.

Ziel von Kunst, so ließe sich auch formulieren, ist es, den Menschen in seiner Arbeit glücklich zu machen und seine Ruhe fruchtbar werden zu lassen.

Als Folge davon ist Kunst eine echte Segnung, die dem Menschen zuteil geworden ist. Da aber das Wort ›echt‹ einen weiten Raum von Qualifikationen umschließt, muß ich nun, ausgehend von dieser Behauptung über die Ziele von Kunst, versuchen, einige praktische Schlußfolgerungen zu ziehen, die, so nehme ich an oder hoffe sogar, uns zu einer Kontroverse über dieses Thema führen werden. Es ist nämlich nutzlos, über Kunst zu reden – und sei es auf eine sehr oberflächliche Art –, ohne sich dabei jenen sozialen Problemen zu stellen, über die alle ernsthaft gesinnten Menschen nachdenken.

Kunst ist nämlich, entweder in ihrem Überfluß oder in ihrer Dürre, in ihrer Ehrlichkeit oder in ihrer Hohlheit, der Ausdruck der Gesellschaft, in der sie auftritt, und muß es sein.

Zunächst einmal bin ich mir darüber im klaren, daß gegenwärtig jene, die weit und tief blicken, völlig unbefriedigt vom gegenwärtigen Zustand der Künste sind. Das trifft ebenfalls auf den gegenwärtigen Zustand unserer Gesellschaft zu.

Dies sage ich im bewußten Widerspruch zu jenen, die von einer Erneuerung der Kunst in den letzten Jahren so viel Aufhebens machen. Tatsächlich beweist die ganze Aufregung über die Künste nur, wie begründet das oben erwähnte Unbehagen ist.

Vor vierzig Jahren ist viel weniger über Kunst geredet worden. Dies trifft vor allem für die architektonischen Künste zu, von denen ich hauptsächlich sprechen werde.

Die Menschen haben bewußt versucht, das Abgestorbene in der Kunst wiederzuerwecken, und dies auch mit einem gewissen oberflächlichen Erfolg.

Trotz dieser bewußten Anstrengung muß ich Ihnen sagen, daß England für jemanden, der Gespür und Verständnis für Kunst besitzt, damals ein weit angenehmerer Aufenthaltsort war als heute. Wir, die wir fühlen, was Kunst bedeutet, wissen gut, wenn wir es auch nicht oft auszusprechen wagen, daß es in vierzig Jahren ein noch unangenehmerer Ort sein dürfte, wenn wir weiter dem von uns eingeschlagenen Weg folgen.

Vor weniger als vierzig Jahren (vor ungefähr dreißig Jahren) sah ich zum ersten Mal die Stadt Rouen, damals noch, was ihren äußeren Anblick anging, ein Stück Mittelalter. Worte vermögen nicht zu beschreiben, wie sehr diese Mischung von Schönheit, Geschichte und romantischem Zauber über mich Gewalt gewann. Ich kann nur sagen: wenn ich auf mein bisheriges Leben zurückschaue, erinnere ich mich an kein größeres Vergnügen als dieses. Und nun ist es ein Genuß, den niemand mehr haben wird. Er ist für die Welt verloren für immer. Zu jener Zeit studierte ich die letzten Semester in Oxford. Wenngleich nicht so fremdartig, nicht so romantisch oder auf den ersten Blick so mittelalterlich wie die normannische Stadt, besaß Oxford doch in jenen Tagen ein gut Teil seiner früheren Anmut, und die Erinnerung an seine grauen Straßen, so wie sie damals waren, hat einen bleibenden Einfluß auf mein Leben.

Mein Vergnügen an dieser Erinnerung wäre noch größer, könnte ich dabei vergessen, wie es heute in diesen Straßen aussieht. Etwas viel Wichtigeres als das, was man durch ein Studium an einem Ort erwirbt, könnte in mir sein, ein Gegenstand, über den mich damals niemand belehrte, während ich auch keinen Versuch unternahm, mir in diesem Punkt Kenntnisse anzueignen.

Seither haben die Wächter dieser Schönheit und dieses romantischen Zaubers, der für die Bildung fruchtbar gemacht werden könnte, trotz ihrer Tätigkeit im ›Hochschulwesen‹ (wie dieses lächerliche System, in dem sie tätig sind, fälschlich genannt wird) all dies völlig ignoriert.

Statt das Stadtbild zu erhalten, haben sie dem Druck wirtschaftlicher Bedürfnisse nachgegeben. Sie sind offensichtlich entschlossen, Schönheit und romantischen Zauber völlig zerstören zu lassen. Einmal mehr ist hier Schönheit in dieser Welt dem Vergehen überantwortet worden, hat man die Freude, die aus Kunst erwächst, sinnlos, unbedacht, ja töricht fortgeworfen.

Ich habe diese beiden Fälle hier nur erwähnt, weil sie sich in meinem Bewußtsein eingegraben haben. Sie sind typisch für das, was überall in unserer Zivilisation vor sich geht. Die Welt wird überall häßlicher, wird mehr und mehr zu einem Gemeinplatz, und das trotz der bewußten und zielstrebigen

Anstrengung einer kleinen Gruppe, die Kunst wiederzubeleben; dies läuft so offensichtlich der Tendenz dieses Zeitalters zuwider, daß die Ungebildeten sie noch nicht einmal zur Kenntnis nehmen und die Mehrzahl der Gebildeten sie als Sport oder Mode betrachten, die sie nun schon wieder langweilt und von der sie sich zurückziehen.

Wenn es nun wahr ist, daß echte Kunst einen ungeteilten Segen für die Welt darstellt, so ist dies eine ernste Angelegenheit; denn auf den ersten Blick scheint sich hier zu erweisen, daß es bald keine Kunst mehr auf der Welt geben wird, die dadurch eine ungeteilte Segnung verlieren würde. Das kann, wie ich meine, nur schlimme Folgen haben. Denn Kunst, wenn sie nun sterben muß, hat sich selbst verschlissen, und ihr Ziel wird in Vergessenheit geraten; ihr Ziel war, die Arbeit glücklich zu machen und die Erholung fruchtbar.

Ist nun alle Arbeit unglücklich, alle Ruhe fruchtlos? In der Tat, wenn die Kunst untergeht, wird dies der Fall sein, sofern nicht etwas anderes an ihre Stelle tritt, etwas, das bisher noch keinen Namen hat, etwas, wovon heute sich noch keiner etwas träumen läßt.

Ich glaube aber nicht, daß etwas anderes den Platz von Kunst einnehmen wird. Nicht, daß ich an dem Einfallsreichtum des Menschen zweifle, der grenzenlos scheint, wenn es gilt, sich unglücklich zu machen. Ich glaube, daß die Quellen der Kunst im menschlichen Geist keinen Tod kennen. Deswegen scheint es mir auch leicht, die Ursachen für das gegenwärtige Verlöschen der Künste auszumachen. Wir zivilisierten Menschen haben sie nicht bewußt aufgegeben, nicht aus freien Stücken. Wir sind dazu gezwungen worden, sie aufzugeben. Vielleicht läßt sich dieser Prozeß dadurch erläutern, daß wir uns näher mit der Benutzung von Maschinen bei der Produktion von Dingen befassen, bei denen eine künstlerische Form irgendwelcher Art möglich ist. Weshalb benutzt ein vernünftiger Mensch Maschinen? Doch gewiß um Arbeitskraft zu sparen. Es gibt einige Dinge, die eine Maschine ebensogut wie die Hand des Menschen plus ein Werkzeug machen kann. Man muß beispielsweise sein Getreide nicht auf einer Handmühle mahlen; ein kleiner Wasserlauf, ein Rad, ein paar einfache Vorrichtungen genügen vollkommen, und der Müller ist frei, kann seine Pfeife rauchen, nachdenken oder den Griff eines Messers schnitzen. Soweit ergibt sich durch die Benutzung einer Maschine für den Menschen Gewinn, immer, bitte denken Sie daran, die Gleichheit der Lebenslage unter den Menschen vorausgesetzt; keine Kunst ist verloren; Freizeit für angenehmere Beschäftigungen wird gewonnen.

Vielleicht sollte eben hier der vernünftige und freie Mensch in seinem Umgang mit Maschinen innehalten, aber das ist natürlich etwas viel verlangt. Also lassen wir unseren Maschinenbenutzer einen Schritt weiter tun. Er soll ein einfaches Stück Tuch weben und findet diese Arbeit einerseits so langweilig, andererseits stellt eine mit Dampf getriebene Maschine das Stück Tuch fast so gut her wie ein Webstuhl. Deshalb benutzt er, um mehr Zeit für angenehmere Tätigkeit zu haben, die Maschine und begibt sich der Möglichkeit, noch etwas Kunstfertigkeit in die Herstellung des Stück Tuches mit einzubringen. Aber indem er so vorgeht, hat er, was die Kunst anbelangt, nicht nur gewonnen; er hat einen Kompromiß zwischen Kunst und Arbeit geschlossen. Aber er hat nur scheinbar einen Ausweg gefunden. Ich sage nicht, daß er unrecht hatte, wenn er so handelte. Ich sage nur, er hat ebensoviel verloren wie gewonnen.

Nun, etwa so weit würde ein Mensch, der Kunst schätzt und vernünftig ist, in Sachen Maschinen wohl gehen, solange er frei in seinen Entscheidungen ist; was bedeutet, daß er nicht gezwungen ist, für den Profit eines anderen zu arbeiten, und solange er in einer Gesellschaft lebt, in der Chancengleichheit herrscht.

Treibt er aber die Benutzung einer Maschine beim Herstellen von Kunst auch nur einen Schritt weiter, dann handelt er unvernünftig, wenn er die Kunst schätzt und frei ist. Um Mißverständnisse zu vermeiden, muß ich noch sagen, daß ich an die modernen Maschinen denke, die gleichsam Eigenleben haben, bei denen der Mensch lediglich Hilfsdienste leistet, und nicht an die alten Maschinen, die verbesserten Werkzeuge, die das Hilfsmittel des Menschen waren und nur so lange arbeiteten, wie er bei ihrer Handhabung mitdachte. Ich will aber auch noch anmerken, daß selbst diese elementarste Form der Maschine wegfallen muß, wenn es um die Hervorbringung höherer und komplizierterer Formen von Kunst geht.

Was die Maschine betrifft, die selbst Kunst herstellt, so wird sie ein vernünftiger Mensch nur dann benutzen, wenn er dazu gezwungen wird.

Wenn er jedoch beispielsweise ein Ornament haben möchte und weiß, daß die Maschine es nicht tadellos herzustellen vermag, und er sich auch nicht die Zeit nimmt, es zu tun – warum sollte er sich überhaupt damit befassen? Er würde doch auch nicht seine Freizeit verbrauchen, um etwas zu tun, was er gar nicht mag, es sei denn, ein Mensch oder eine Gruppe von Menschen würde ihn dazu zwingen. Also wird er entweder ohne Ornament auskommen oder etwas von seiner Freizeit opfern, damit es ein echtes Ornament wird. Das wird Kennzeichen dafür sein, daß er es unbedingt haben möchte, daß es ihm die Mühe wert ist, in welchem Fall die Arbeit daran nicht bloß Mühe bedeutet, sondern durchaus Befriedigung seines Tätigkeitssinns, die Interesse und Genuß mit sich bringt.

Dies, so sage ich, wäre die Handlungsweise eines Menschen, der frei ist vom Zwang durch andere. Ist er nicht frei, handelt er anders. Er hat längst das Stadium durchlaufen, in dem Maschinen nur zur Verrichtung der für einen Menschen von durchschnittlicher Leistungskraft zu schweren Arbeit benutzt werden. Unwillkürlich erwartet er, daß eine Maschine erfunden werden müsse, wenn nach einem bestimmten Industrieprodukt eine größere Nachfrage herrscht. Er ist der Sklave der Maschine; die neue Maschine muß erfunden werden. Ist sie erfunden, so muß er ... ich sage nicht, sie benutzen, sondern sich von ihr benutzen lassen, ob er es will oder nicht.

Aber warum ist er der Sklave der Maschine? Weil er der Sklave des Systems ist, für dessen Existenz die Erfindung der Maschine notwendig war. Und jetzt muß ich die Annahme von der Gleichheit der Chancen einmal fallenlassen, bzw. ich habe sie schon fallengelassen. Ich muß Sie daran erinnern, daß in gewissem Sinne wir alle Sklaven der Maschinen sind. Doch einige sind es ganz direkt, nicht in einem übertragenen Sinn, und gerade sie sind es, von denen der ganze Bereich der Künste abhängt, die Arbeiter.

Es ist notwendig für das System, daß man sie auf ihrem Platz hält, nämlich auf dem einer niederen Klasse, daß sie entweder selbst Maschinen sind oder zu Dienern von Maschinen werden, die ja von sich aus kein Interesse an der Arbeit haben, die sie ausführen.

Für ihre Arbeitgeber sind sie, obwohl es Menschen sind, dennoch Teil des Maschinenparks der Werkstatt oder der Fabrik, sie sind Proletarier, menschliche Wesen, die arbeiten, um zu leben, damit sie leben können, um zu arbeiten, und so weiter in endloser Folge. Ihre Rolle als Handwerker, als Hersteller von Gegenständen nach freiem Willen, ist ausgespielt.

Auch auf die Gefahr hin, daß man mich sentimental nennt: Es erfüllt mich mit Genugtuung, daß eine Arbeit, die nichts anderes darstellt als Last und

Sklaverei, nicht in der Lage ist, Kunst zu schaffen. Alles, was dabei herauskommt, liegt zwischen grobem Utilitarismus und idiotischem Schund. Ist das tatsächlich nur sentimental?

Ich glaube vielmehr, daß wir erkannt haben, wie eine Verbindung zwischen industrieller Sklaverei und dem Verkommen der Kunst besteht. Gleichzeitig aber sollten wir auch zu hoffen gelernt haben, daß es für die Künste eine Zukunft gibt.

Gewiß wird der Tag kommen, an dem Menschen das Joch abschütteln und den rein künstlichen Zwang des glücksspielhaften Marktgeschehens, bei dem ihr Leben in unablässiger und hoffnungsloser Mühe verschwendet wird, nicht mehr mitmachen werden. Wenn es dahin kommt, werden ihre Instinkte für Schönheit und Einbildungskraft freigesetzt werden, und sie werden eine Kunst hervorbringen, wie wir sie nötig haben.

Wer kann sagen, daß diese nicht die Kunst vergangener Zeiten so weit übertreffen wird, wie jene die armseligen Reste übertroffen haben muß, die sich von ihr in unserem Zeitalter des Kommerzialismus noch erhalten haben?

Ein Wort oder zwei noch zu einem Einwand, der oft gemacht wird, wenn ich über dieses Thema spreche. Man könnte sagen – und oft geschieht dies auch –, wir bedauern zwar, daß die Kunst des Mittelalters nicht fortbesteht (und so ist es), aber jene, die sie hervorbrachten, waren nicht frei. Sie waren Leibeigene oder Gildenhandwerksmeister, umgeben von den ehernen Mauern der Handelsbeschränkungen. Sie besaßen keine politischen Rechte und wurden von ihren Herren ausgebeutet, und zwar auf das härteste. Nun, ich gebe ganz offen zu, daß Unterdrükkung und Gewalttaten des Mittelalters ihre Einflüsse auf die Kunst jener Tage hatten, daß gewisse Mängel an ihr eben auf ihre Beschädigungen zurückzuführen sind und daß sie durch Unterdrückung in bestimmte Bahnen gelenkt worden ist. Aber gerade deswegen sage ich: Wenn wir die gegenwärtig wirksame Unterdrückung abschütteln, wie wir die alte abgeschüttelt haben, können wir erwarten, daß die Kunst in Zeiten tatsächlicher Freiheit sich über die der alten schlimmen Zeiten erheben wird.

Aber ich behaupte auch, daß es damals sehr wohl möglich war, soziale, organische, hoffnungsvolle und fortschrittliche Kunst zu produzieren, wohingegen heute jenes wenige, was geblieben ist, das Ergebnis individueller und verschwenderischer Kämpfe darstellt, rückwärtsgewandt und pessimistisch.

Diese hoffnungsvolle Kunst war möglich inmitten all der Unterdrückung damals, weil die

Instrumente dieser Unterdrückung ganz offen zutage traten; sie lagen außerhalb des Arbeitsprozesses des Handwerks.

Es gab Gesetze und Sitten, offensichtlich dazu bestimmt, den Handwerker auszurauben. Es gab offene Gewalttätigkeit in Form von Straßenräuberei. Kurz gesagt, die industrielle Produktion war noch nicht das Instrument zur Ausraubung der unteren Volksschichten, das es heute ist. Der mittelalterliche Handwerker war frei in seiner Arbeit. Deshalb gestaltete er seine Arbeit so angenehm, wie er konnte. Sie war ein Vergnügen für ihn, keine Qual. Das führte dazu, daß alle Dinge schön waren, verschwenderische Schätze menschlicher Hoffnung, verteilt über die ganze Skala der Gegenstände hin, die Menschen verfertigen, von einer Kathedrale bis zum Topf für den Haferbrei.

Machen wir uns doch klar, daß die moderne Arbeitsweise einem mittelalterlichen Handwerker geradezu verächtlich vorgekommen wäre. Die Arbeitskraft eines armen Teufels aus dem 14. Jahrhundert war von so geringem Wert, daß man es ihm erlauben konnte, sie stundenlang zur eigenen Freude und der anderer zu vergeuden. Stellen wir unseren hochqualifizierten Facharbeiter dagegen: Seine Minuten sind viel zu kostbar in der ununterbrochenen Jagd auf Profit, als daß man ihm gestatten könnte, auch nur einige davon auf Kunst zu verschwenden. Das gegenwärtige System wird ihm nicht, kann ihm nicht erlauben, Kunstwerke hervorzubringen.

So ist es zu einem merkwürdigen Phänomen gekommen. Es gibt heute eine Klasse von Damen und Herren, sehr gebildet, ohne Zweifel, wenngleich nicht so gut informiert, wie sie selbst im allgemeinen annehmen, und in dieser gebildeten Klasse sind viele, die die Schönheit und was ihr angehört, also die Kunst, lieben. Menschen, die Opfer zu bringen bereit sind, um Kunst zu besitzen. Sie werden von Künstlern mit großer Kunstfertigkeit und hoher Einsicht beraten und bilden so eine Art Gemeinde, in der Nachfrage nach Kunstprodukten besteht. Und doch kommt es nicht zum Angebot. Ja mehr noch, diese große Schar nachfragebereiter Enthusiasten ist weder arm noch hilflos; es sind keine unwissenden Fischer, keine halbverrückten Mönche, keine hirnverbrannten Sansculottes ... niemand von jenen, kurz gesagt, die, indem sie ihre Bedürfnisse zum Ausdruck brachten, so oft zuvor die Welt erschütterten und es auch wieder tun werden. Nein, es handelt sich in diesem Fall um die herrschende Klasse, um die Herren unter den Menschen, die, ohne arbeiten zu müssen, leben können und hinreichend Freizeit haben, um über die Verwirklichung ihrer Wünsche ausführlich nachzusinnen. Dennoch, so sage ich, bekommen sie nicht die Kunst, die sie gern hätten, obwohl sie durch die Welt jagen und sentimentale Betrachtungen über das elende Leben von Bauern in Italien und über die hungernden Proletarier in den dortigen Städten anstellen, nun, da unsere Landschaft und unsere eigenen Slums so gar nichts Pittoreskes mehr hergeben wollen.

Tatsächlich ist überall wenig an Wirklichkeit übriggeblieben, und dieses Wenige schwindet auch noch dahin dank der Bedürfnisse der Fabrikanten und ihrer zerlumpten Arbeitstiere sowie dem Enthusiasmus der archäologischen Restauratoren einer toten Vergangenheit.

Bald wird gar nichts mehr übrig sein außer den lügnerischen Träumen der Geschichte, den elenden Wracks unserer Museen und Gemäldegalerien und den so sorgfältig gehüteten Interieurs unserer ästhetisch gestalteten Salons, unwirklich und närrisch, getreue Zeugen eines Lebens der Korruption, das sich hier abspielt, eines Lebens, so kleinlich, mager und feig, eines Lebens, das die natürlichen Triebe mehr versteckt und nicht beachtet. Dies verhindert jedoch nicht die gröbsten Ausschweifungen, solange diese nur unter einem Anstandsmäntelchen bedeckt bleiben.

Die Kunst ist dahin. Sie kann in ihren alten Linien ebensowenig wiederhergestellt werden wie ein mittelalterliches Gebäude. Die Reichen und die Gebildeten können sie nicht mehr bekommen, selbst wenn sie wollten und wir ihnen dieses Wollen glauben dürfen. Und warum? Weil jene, die sie den Reichen geben könnten, dazu von ebendiesen nicht die Erlaubnis bekommen. Mit einem Wort: die Sklaverei steht zwischen uns und der Kunst.

Ich sagte, daß es das Ziel der Kunst war, der Arbeit ihren Fluch zu nehmen, indem diese zu einer lustvollen Befriedigung unseres Tätigkeitsdranges wurde, auch indem die Hoffnung hinzukam, etwas herzustellen, was der Mühe wert war. Deshalb sage ich gleichzeitig, daß wir keine Kunst haben können, wenn wir lediglich ihrer äußeren Erscheinung nachjagen. Da wir in diesem Fall immer nur ein Trugbild ihrer selbst bekommen, bleibt uns keine andere Möglichkeit, als danach Ausschau zu halten, was geschehen würde, wenn wir den Schatten fahrenließen und das Wesen selbst zu erfassen versuchten.

Ich für meinen Teil glaube, daß, wenn wir die Ziele der Kunst zu verwirklichen streben, ohne uns viel darum zu kümmern, wie diese Kunst selbst aussehen mag, wir am Ende das erhalten werden, was wir uns wünschen. Man mag es dann ›Kunst‹ nennen oder nicht – es wird wenigstens Leben sein, und dies ist es doch, was uns nottut. Es könnte uns prächtige und schöne Gegenstände visueller Kunst bringen, frei von der seltsamen Unvollständigkeit und ohne die Mißgriffe, die wir an Bauwerken früherer Zeiten wahrnehmen; Gemälde, in denen die Schönheit der mittelalterlichen Kunst vereint ist mit dem Realismus, auf den die moderne Kunst hinzielt, Skulpturen, in denen die Schönheit der Griechen und die Ausdrucksfähigkeit der Renaissance sich zu einer dritten, bisher noch unentdeckten Qualität verbinden, um uns Abbilder von Männern und Frauen zu zeigen, die durch Lebenswahrheit bestechen, ohne dabei unfähig zu werden, als architektonisches Ornament zu dienen, wie es die Aufgabe aller wahren Skulptur ist.

All dies könnte geschehen. Wir könnten aber auch in die Wüste geführt werden. Etwas könnte uns glauben machen, daß Kunst unter uns gestorben sei oder mühsam und mit unsicherem Erfolg gegen eine Welt ankämpfe, die ihre alte Herrlichkeit gänzlich vergessen hat.

Ich für meinen Teil – und angesichts dessen, was Kunst jetzt bedeutet – kann nicht finden, daß es viel ausmachen würde, welche dieser Möglichkeiten das tatsächliche Schicksal der Kunst sein wird, solange jede von ihnen ein gewisses Maß an Hoffnung in sich birgt, denn auch hier, wie in anderen Dingen, ist die Hoffnung nur von einer Revolution zu erwarten. Die alte Kunst ist nicht länger fruchtbar. Sie erweckt lediglich eine schöne poetische Sehnsucht in uns. Da sie unfruchtbar ist, muß sie sterben, und die zur Zeit interessante Frage wäre, ob sie mit oder ohne Hoffnung stirbt. Was ist es, was das Rouen, das Oxford meiner das Dasein verschönernden Sehnsucht zerstört hat? Sind solche Städte untergegangen zum Wohl des Volkes? Sind sie dem sich nach und nach ergebenden Umschwung in den Anschauungen und einem neuen Ideal von Glück zum Opfer gefallen? Oder sind sie unter dem Donnerschlag der Tragödie zusammengestürzt, der meistens das Werden von Neuem begleitet? Keines von beiden. Weder eine Konsumgemeinschaft noch Dynamit haben die Schönheit fortgerissen; ihre Zerstörer sind nicht Menschenfreunde oder Sozialisten gewesen, es war weder das Kooperative noch das Anarchistische. Sie sind verkauft worden, und wahrlich zu einem billigen Preis, fortgeschummelt durch die Gier und Inkompetenz von Narren, die nicht wissen, was Leben und Lebensfreude bedeuten, die selbst nicht in der Lage sind, dergleichen zu empfinden, und auch nicht zulassen, daß andere dergleichen bekommen. Darum schmerzt uns der Tod dieser Schönheit so sehr. Niemand mit Sinn und Verstand würde über solche Verluste klagen, wenn sie für ein neues Leben und das Glück des Volkes notwendig wären. Aber was das Volk angeht, so hat sich gar nichts geändert: Es sieht sich immer noch jenem Untier gegenüber, das all diese Schönheit zerstört hat und dessen Name ›wirtschaftlicher Profit‹ ist.

Ich wiederhole, daß jeder Fetzen echter Kunst von diesem Untier zerrissen werden wird, wenn das alles nur lange genug so weitergeht. Dann wird vielleicht eine Schundkunst anstelle der echten Kunst treten, die freilich von dilettantischen feinen Damen und Herren ohne Hilfe von unten ausgeübt werden kann. Um offen zu sein, ich fürchte, daß solche Phantome die Bedürfnisse vieler befriedigen werden, die sich für Kunstliebhaber halten, obgleich es auch nicht schwierig ist, sich eine Perspektive vorzustellen, in der sich der Verfall immer weiter fortsetzt, bei der Kunst am Ende nur noch Zielscheibe des Spottes ist. Dies nämlich wäre bestimmt der Fall, wenn die Dinge sich so weiterentwickeln, wenn Kunst nur noch dem Amüsement vornehmer Damen und Herren dient. Ich für meinen Teil glaube jedoch nicht daran, daß es zu einem derartigen Tiefstand der Kunst kommen wird. Ich müßte aber auch heucheln, wenn ich behauptete, daß die Veränderung in den Grundlagen der Gesellschaft, welche zu einer Befreiung der Arbeit und zu einer Chancengleichheit führen würden, auf kurzem Weg zu jener glänzenden Wiedergeburt von Kunst führen werden, von der ich gesprochen habe.

Freilich werden diese Vorgänge das, was wir jetzt Kunst nennen, nicht unberührt lassen, da die Ziele der Revolution die Ziele der Kunst einschließen. Ich gehe davon aus, daß genau dies wahrscheinlich eintreten wird. Die Entwicklung des Maschinenwesens wird weitergehen, aber mit dem Zweck, menschliche Arbeitskraft zu sparen, bis die Masse des Volkes genug Freiheit hat, um die Freuden des Lebens zu genießen, bis der Mensch in dem Maß über die Natur herrscht, daß er sie nicht länger fürchten muß, daß er sich nicht länger einbildet, er werde mit Hunger bestraft, weil er angeblich nicht genug gearbeitet habe.

Wenn die Menschen diesen Punkt erreichen, wird zweifellos eine Wende eintreten. Sie werden einzusehen beginnen, was sie eigentlich tun müßten. Sie werden bald auch feststellen: je weniger Arbeit sie verrichten (ich meine, je weniger nicht mit

Kunst verbundene Arbeit), desto angenehmer wird sich die Erde als Platz menschlicher Behausung darstellen. Die Menschen werden dann immer weniger und weniger arbeiten, bis der Tätigkeitsdrang, von dem ich zu Anfang sprach, sie wieder veranlaßt, frisch zu beginnen. Bis zu dieser Zeit aber hätte die Natur, erleichtert durch die Entspannung, die in der menschlichen Arbeitsweise stattgefunden hat, ihre alte Schönheit wiedergewonnen. So würde sie den Menschen die alte Geschichte der Kunst lehren.

Wenn der künstlich erzeugte Mangel, der dadurch hervorgerufen wird, daß Menschen für den Profit ihrer Herren arbeiten, was wir heute als ganz selbstverständlich betrachten, verschwunden sein wird, wird es den Menschen freistehen zu tun, was sie wollen. Sie würden dann gewiß die Maschinen in all den Fällen, in denen die Arbeit angenehm zu verrichten ist, beiseite stellen, bis für alle Beschäftigungen, bei denen das Entstehen von Schönheit gefragt ist, die unmittelbare Beziehung zwischen der Hand des Menschen und seinem Hirn hergestellt sein würde.

Es wird aber auch viele Beschäftigungen geben, beispielsweise die in der Landwirtschaft zu verrichtenden Arbeiten, deren freiwillige Ausübung dem uns Menschen innewohnenden Tätigkeitsdrang so sehr entspricht, daß wir nicht daran denken, solche Vergnügen wegzuwerfen, indem wir sie einer Maschine überlassen.

Kurzum, unsere Enkel werden merken, daß die Menschen unserer Tage falsch handelten, als sie erst ihre Bedürfnisse vervielfachten und sich dann der direkten Teilhabe an den Vorgängen, mit denen diese Bedürfnisse befriedigt werden, zu entziehen trachteten. Sie werden erkennen lernen, daß diese Art von Arbeitsteilung nur eine neue und unwillkürliche Form von arroganter und törichter Ignoranz ist, noch schädlicher dem Glück und der Zufriedenheit als jene Ignoranz gegenüber den Vorgängen der Natur, denen gemäß die Menschen der früheren Zeiten lebten, ohne daß es ihnen bewußt gewesen wäre, und die wir heute mit dem, was wir Wissenschaft nennen, zu beherrschen meinen. Sie werden entdekken oder vielmehr wiederentdecken, daß das wahre Geheimnis des Glücks in einem echten Interesse an allen Einzelheiten des täglichen Lebens besteht. Diese sollte man zu Kunstfertigkeiten erheben, statt ihre Ausführung ungeachteten Handlangern zu überlassen und sie möglichst von sich zu schieben. In Fällen aber, wo es unmöglich ist, sie entweder mit Schönheit aufzuladen oder anziehender zu machen oder die Arbeit durch den Einsatz von Maschinen zu erleichtern, müßte dies als ein Anzeichen gelten, daß die durch solche Tätigkeiten errungenen Vorteile die auf sie verwandte Mühe nicht wert sind und man deshalb auf sie verzichten muß.

All dies würde sich meiner Ansicht nach abspielen, wenn die Menschen die Bürde des künstlich erzeugten Mangels abwerfen würden, vorausgesetzt, wie ich nicht umhin kann zu unterstellen, die Antriebe, die seit dem ersten Aufblitzen von Geschichte den Menschen veranlaßt haben, Kunst herzustellen, sind bei ihm immer noch vorhanden. So, und nur so, kann es zu einer neuen Geburt der Kunst kommen, und ich bin davon überzeugt, es wird dazu kommen. Sie können sagen, das werde lange Zeit brauchen, und das stimmt, aber ich kann mir etwas vorstellen, was noch länger dauern könnte.

Ich habe Ihnen die sozialistische und optimistische Perspektive in dieser Angelegenheit hier aufgezeigt. Nun komme ich zu der auch möglichen pessimistischen.

Ich könnte mir vorstellen, daß die Revolte gegen den künstlich erzeugten Mangel oder gegen den Kapitalismus, die jetzt begonnen hat, besiegt würde. Das Ergebnis wäre, daß die Arbeiterklasse, die Sklaven der Gesellschaft, noch mehr herabgewürdigt würden, daß sie gegen eine überwältigende Kraft nicht mehr ankämpfen, sondern, angetrieben durch jene Liebe zum Leben, welche die Natur, immer ängstlich auf das Fortbestehen der menschlichen Rasse bedacht, in uns eingepflanzt hat, alles ertragen lernen – Elend, Überanstrengung, Schmutz, Dummheit, Brutalität. All diese Dinge werden sie ertragen, denn ach, sie ertragen sie ja heute auch; all dies ertragen sie, statt das süße Leben und die bitteren Lebensumstände aufs Spiel zu setzen. Dann würde jeder Funke Hoffnungsfreudigkeit und Tapferkeit erlöschen.

Ihren Herren würde es aber auch nicht viel besser gehen. Die Oberfläche der Erde wäre überall häßlich, ausgenommen in den unbewohnten Wüsten; die Kunst läge völlig zu Boden, und zwar sowohl die bildenden Künste wie auch die Literatur, die, wie das ja mit größter Schnelligkeit schon geschieht, zu einer bloßen Folge von kalkulierten Abgeschmacktheiten und leidenschaftslosem Kitsch verkommt; Wissenschaft würde mehr und mehr einseitig, lückenhaft, weitschweifig und unnütz werden, bis sie sich am Ende zu einem solchen Maß von abergläubischen Vorstellungen entwickelt hat, daß selbst in den Glaubensvorstellungen aus alter Zeit mehr Sinn und Einleuchtendes enthalten wäre. Alles dies wird langsam und noch langsamer gehen, bis die heldenhaften Kämpfe der Vergangenheit unter dem Zeichen der Hoffnung von Jahr zu Jahr, von Jahrhundert zu Jahrhundert mehr in Vergessenheit geraten, bis der Mensch zu einem unbeschreiblichen Wesen geworden ist, hoffnungslos, ohne Wünsche, ohne Lebendigkeit.

Und wird es eine Rettung aus diesem Zustand geben? Vielleicht. Der Mensch könnte nach einer furchtbaren Katastrophe einem gesunden Animalismus zustreben, aus dem Tier könnte ein Wilder, aus diesem wiederum ein auf niedrigster Kulturstufe stehendes Wesen werden und so weiter; einige tausend Jahre später beginnt er dann vielleicht wieder mit jenen Künsten, die wir jetzt eingebüßt haben. Er schnitzt wieder verschlungene Figuren wie die Neuseeländer oder Tierformen in die polierten flachen Knochen, wie es die vorgeschichtlichen Bewohner des Waldes getan haben.

Jedenfalls würden wir uns – ausgehend von der pessimistischen Perspektive, daß jede Revolte gegen den künstlich erzeugten Mangel aussichtslos wäre – im Kreis bewegen, bis irgendein Zufall, irgendeine unvorhergesehene Folge von Ereignissen, uns allen ein Ende setzt. Solchen Pessimismus vermag ich mir nicht zu eigen zu machen, wie ich auch nicht annehme, daß es eine Willensfrage ist, ob wir einen Aufstieg oder Niedergang der Menschheit erleben werden. Da es Menschen gibt, die eine sozialistische oder optimistische Lösung entschieden anstreben, muß ich folgern, daß es zumindest eine gewisse Hoffnung für eine Entwicklung in dieser Richtung gibt. Die heftigen Anstrengungen so vieler Individuen lassen auf eine Kraft schließen, die sie vorantreibt. So glaube ich denn, daß ›die Ziele der Kunst‹ verwirklicht werden, obgleich ich sehr wohl weiß, daß dies unmöglich der Fall sein kann, solange die Tyrannei des künstlichen Mangels fortdauert.

Noch einmal warne ich Sie anzunehmen, man könne seine Liebe zur Kunst dadurch zum Ausdruck bringen und etwas für ihre Wiederbelebung tun, indem man sich mit ihrem toten Körper auseinandersetzt. Ich behaupte, wir müssen mehr die *Ziele* der Kunst suchen als die Kunst selbst. Bei dieser Suche können wir uns in einer Welt wiederfinden, die kühl und öde ist. Dies deshalb, weil wir Kunst zu sehr lieben, um Schund zu dulden. Wie dem auch sei, das Schlimmste erschiene mir, die Übel, die wir sehen, hinzunehmen. Kein Ärger, keine Plage könnten so schlimm sein wie dies.

Die notwendige Zerstörung, die dem Wiederaufbau vorangeht, muß ruhig in Kauf genommen werden. Nirgendwo, sei es im Staat, in der Kirche, im eigenen Haushalt, dürfen wir Lügen durchgehen lassen. Wir dürfen keine Furcht empfinden, auch wenn sich die Lüge als Liebe, Pflicht oder Zuneigung, als vorteilhafte Nachgiebigkeit, Gutherzigkeit, als Klugheit oder Milde verkleidet.

Die Härte, die Falschheit und Ungerechtigkeit werden ihre natürlichen Konsequenzen haben. Wir und unser Leben gehören zu diesen Konsequenzen. Aber da wir von alters her auch die Widerstandskraft gegen solche Flüche geerbt haben, sollten wir danach trachten, dieser Erbschaft gerecht zu werden. Dies wird uns, selbst wenn kein anderer Vorteil daraus erwächst, doch wenigstens Mut und Hoffnung geben. Solange wir leben, wird sich in uns ein heftiges Verlangen nach Lebendigkeit erhalten, welches vor allem anderen das Ziel der Kunst ist.

DIE MIT- UND NACHWELT ÜBER WILLIAM MORRIS

»Von einem Menschen will ich reden, wie es vorher keinen gab. Er verkörperte eine Rolle in der Geschichte, die vor ihm niemand verkörpert hatte. Eine so weitreichende, so vielfältige, so umstürzende Rolle, daß einem schwindelig wird, wenn man allein an die Menge der Arbeit denkt, die er zu leisten hatte. Ein einziger Mensch, der ein vollendeter Dichter war, ein vollendeter Kunsthandwerker, der alle Gewerbe der Kunst ausübte, und darüber hinaus ein glühender, aufrechter und tätiger Sozialist: William Morris ...« *Henry van de Velde 1898*

»Morris, wenn er sich politisch selbst definierte, nannte sich einen Kommunisten ... es war das einzige Wort, mit dem er zufrieden war ... aber tatsächlich bedeutete es: er stand auf der Seite von Marx gegen die ganze Welt ...« *George B. Shaw*

»Und wer William Morris noch nicht kennt, der lernt ihn kennen aus seinem Nirgendheim. Da ist er wie er leibt und lebt, mit seiner romantischen Liebe zum ›präraffaelitischen Mittelalter‹, mit seinem romantischen Haß gegen die Maschinen und seiner etwas ›anarchistischen‹ Freiheit und Selbstherrlichkeit des Individuums. Auf diese letzte Eigenschaft mache ich namentlich die manchesterlichen Leierkastenmänner mit der Gassenhauer-Melodie des ›Zwangsstaates‹ aufmerksam, im Nirgendwo unseres Morris herrschte der schönste ›Individualismus‹ – da kann jeder nach seiner Façon selig werden, und wem die Morris'schen Häuser und Einrichtungen nicht gefallen, der mache sich andere ...«

Wilhelm Liebknecht 1892

»Morris hatte eine starke Neigung zum Anarchismus ... er stimmte mit Bakunin überein, daß jeder Staat eine ›flagrante‹ und ›zynische‹ Negierung der Menschlichkeit darstelle, ging aber im übrigen davon aus, daß der Mensch von Natur aus schlecht sei und der Staat bestehen müsse, um ihn auf dem rechten Weg zu halten ...«

Roderick Marshall

»Er war der Glücklichste unter den Poeten. Seine Vision ist wahr, weil wir, indem wir sie betrachten, ein wenig glücklicher werden. Wie Shelley wußte er durch einen Akt des Glaubens, daß die Wirtschaftler ihr Maß nicht aus dem Leben, wie es nun einmal ist, ableiten sollten, sondern aus der Vision der Menschen, von einer Vision, wie eine vollkommene Welt entstehen könnte, eine Vision, die in unser aller Bewußtsein begraben liegt.«

W. B. Yeats

»So sagt Morris zum Beispiel – um Ihnen eine Blütenlese zu geben –: ›Schlagt die Bäume nicht ab, wenn ihr anfangt, Siedlungen zu bauen ... Werft keinen Unrat, kein Papier weg ... Seht zu, daß der Ruß und der Kohlenstaub nicht die Häuser schmutzig macht ... Restauriert keine Gebäude, sondern erhaltet sie.‹ Diese letzte Forderung von Morris steht übrigens in der Tat am Anfang der ganzen modernen Denkmalspflege.« *Nikolaus Pevsner 1963*

»Wie anschaulich er die Arbeitsweisen und die künstlerischen Ansprüche der verschiedenen Handwerke darzustellen weiß; wie innig er in die Schönheiten der heimischen Natur einführt; wie er die Einzelheiten schildert und auf die schlichten Blumen unserer Wiesen verweist im Gegensatz zu den üppigen Reizen der Treibhausblüten; wie ernst und eindringlich der erfahrene Geschäftsmann vor allem die Leiden der heutigen Kunsttätigkeit erfaßt, die Teilung der Arbeit, das Maschinenwesen, den ertötenden Konkurrenzkampf. Und er dringt tiefer. Nicht die Kunst allein leidet; auf all unserer Werktagsarbeit, auf der ganzen, so gepriesenen Zivilisation lastet ein Fluch: die Arbeitsfreude ist verloren, die Lust am eigenen Werk, der Genuß der Schöpferkraft, und doch ist echte Kunst vor allen Dingen ein Ausdruck der Lust an der Arbeit.«

Peter Jessen 1898

»Eine wirkliche Renaissance, das heißt Wiederbelebung der Kunst der alten deutschen Bücher, datiert erst von William Morris, dem Engländer. Dieser großartige, mit einer seltenen Tatkraft begabte Mann war bei der Wiederbelebung der verschiedensten alten Kunsttechniken vom Mittelalter ausgegangen. Er griff auch, als er sich dem Buchdruck zuwandte, auf die ältesten Druckwerke des späten Mittelalters, die sog. Wiegendrucke oder Inkunabeln des 15. Jahrhunderts, zurück. Er begriff, auch hier von der alten Technik des Handbetriebs ausgehend, erst wieder die ganze Kunst, die ganze Schönheit der alten deutschen Drucker und Holzschnittzeichner, die er durch seine eigenen Druckwerke im Charakter der Inkunabeln zu erschließen und neu zu beleben wußte. Auf den Morris'schen Drucken der Kelmscott Press fußt die ganze neue englische Buchkunst, die nun allmählich den altertümlichen Charakter ihrer Bücher abstreifte und die Kunst des Buchdrucks den heutigen Bedürfnissen und Anforderungen mehr und mehr anpaßte.« *Jean Loubier 1902*

»William Morris, der Dichter, Sozialreformer, Politiker und Künstler, gilt mit Recht als eine der bedeutendsten Persönlichkeiten des viktorianischen Zeitalters. Nicht eine einzige, überragende Leistung bestimmt die Größe dieses Mannes, sondern die bewundernswürdige Vielfältigkeit seines schöpferischen Geistes und die so nachhaltige Wirkung, die im Bereich des künstlerischen Lebens von ihm ausging.«

Friedrich Adolf Schmidt-Künsemann

»Morris' praktischer Anstoß ist bis heute wirksam geblieben, wie immer man das Ergebnis beurteilen mag. Es wird Zeit, daß man auch seinen utopischen Ansatz diskutiert.« *Günter Metken*

ABBILDUNGSNACHWEIS

Abb. S. 29, 38 The Tate Gallery, London
Alle übrigen Abbildungen stammen aus dem Archiv des DuMont Buchverlages, Köln

Die Deutsche Bibliothek – CIP-Einheitsaufnahme

Morris, William:
Wie wir leben und wie wie leben könnten : vier Essays / William Morris. Mit einer Einf. vers., übers. und hrsg. von Hans-Christian Kirsch. – Köln : DuMont, 1992
(DuMont-Taschenbücher ; 275)
ISBN 3-7701-2941-5
NE: GT

Dieses Buch erschien erstmals 1983
im Eugen Diederichs Verlag, Köln

Satz und Druck: Rasch, Bramsche
Buchbinderische Verarbeitung:
Bramscher Buchbinder Betriebe

Printed in Germany ISBN 3-7701-2941-5

DuMont Taschenbücher

Stand Frühjahr 1992

Band 2 Horst W. und Dora Jane Janson
Malerei unserer Welt

Band 3 **August Macke – Die Tunisreise**

Band 4 Uwe M. Schneede
René Magritte

Band 6 Karin Thomas
DuMont's kleines Sachwörterbuch zur Kunst des 20. Jahrhunderts

Band 8 Christian Geelhaar **Paul Klee**

Band 13 Joseph-Émile Muller
DuMont's kleines Lexikon des Expressionismus

Band 14 Jens Christian Jensen
Caspar David Friedrich

Band 15 Heijo Klein
DuMont's kleines Sachwörterbuch der Drucktechnik und grafischen Kunst

Band 18 Horst Richter
Geschichte der Malerei im 20. Jahrhundert

Band 23 Horst Keller **Marc Chagall**

Band 25 Gabriele Sterner **Jugendstil**

Band 26 Jens Christian Jensen
Carl Spitzweg

Band 28 Hans Holländer
Hieronymus Bosch

Band 30 Johannes Pawlik (Hrsg.)
Malen lernen

Band 31 Jean Selz
DuMont's kleines Lexikon des Impressionismus

Band 32 Uwe M. Schneede
George Grosz

Band 33 Erwin Panofsky
Sinn und Deutung in der bildenden Kunst

Band 35 Evert van Uitert
Vincent van Gogh

Band 37 Bob Haak
Rembrandt

Band 38 Ingeborg Tetzlaff
Romanische Kapitelle in Frankreich

Band 39 Joost Elffers (Hrsg.)
DuMont's Kopfzerbrecher
TANGRAM

Band 40 Walter Pach
Auguste Renoir

Band 44 Fritz Baumgart
DuMont's kleines Sachlexikon der Architektur

Band 47 Paul Vogt **Der Blaue Reiter**

Band 56 Ingeborg Tetzlaff
Romanische Portale in Frankreich

Band 59 Hugo Munsterberg **Zen-Kunst**

Band 65 Harald Küppers
Das Grundgesetz der Farbenlehre

Band 66 Sam Loyd/Martin Gardner (Hrsg.)
Mathematische Rätsel und Spiele

Band 69 Erich Burger
Norwegische Stabkirchen

Band 70 Ernst H. Gombrich
Kunst und Fortschritt

Band 71 José Pierre
DuMont's kleines Lexikon der Pop Art

Band 73 Gabriele Sterner
Barcelona: Antoni Gaudi

Band 74 Eckart Kleßmann
Die deutsche Romantik

Band 77 Wolfgang Hainke **Siebdruck**

Band 78 Wilhelm Rüdiger
Die gotische Kathedrale

Band 83
Ekkehard Kaemmerling (Hrsg.)
Ikonographie und Ikonologie

Band 84 Hermann Leber
Plastisches Gestalten

Band 85
Sam Loyd / Martin Gardner (Hrsg.)
Noch mehr mathematische Rätsel und Spiele

Band 88 Thomas Walters (Hrsg.) / Gabriele Sterner **Jugendstil-Graphik**

Band 90 Ernesto Grassi
Die Theorie des Schönen in der Antike

Band 91 Hermann Leber
Aquarellieren lernen

Band 93
Joost Elffers / Michael Schuyt
Das Hexenspiel

Band 95 Karl Hennig
Japanische Gartenkunst

Band 99 Bernd Fischer
Wasserburgen im Münsterland

Band 101 Felix Freier
Fotografieren lernen – Sehen lernen

Band 103 Kurt Badt
Die Farbenlehre van Goghs

Band 112 Alexander Adrion
Die Kunst zu zaubern

Band 114 Peter-T. Schulz
Der Kuckuck und der Esel

Band 115 Angelika Hofmann
Ton – Finden, Formen, Brennen

Band 117 Rosario Assunto
Die Theorie des Schönen im Mittelalter

Band 123 Fritz Winzer
DuMont's Lexikon der Möbelkunde

Band 124 Walter Dohmen
Die Lithographie

Band 127 Peter-T. Schulz **Rapunzel**

Band 128 Lu Bro **Wie lerne ich Zeichnen**

Band 130 Bettina Gruber / Maria Vedder
DuMont's Handbuch der Video-Praxis

Band 131
Anneliese und Peter Keilhauer
Die Bildsprache des Hinduismus

Band 133 Barbara Salberg-Steinhardt
Die Schrift:
Geschichte – Gestaltung – Anwendung

Band 135 Karlheinz Schüssler
Die ägyptischen Pyramiden

Band 137 Nikolaus Pevsner
Wegbereiter moderner Formgebung

Band 139 Peter-T. Schulz
Guten Tag! Eine Gulliver-Geschichte

Band 142 Rudolf Wittkower
Allegorie und der Wandel der Symbole in Antike und Renaissance

Band 143 Martin Warnke (Hrsg.)
Politische Architektur

Band 144 Miriam Magall
Kleine Geschichte der jüdischen Kunst

Band 145 James F. Fixx
Rätsel und Denkspiele mit Seitensprung

Band 146
Rose-Marie und Rainer Hagen
Meisterwerke europäischer Kunst
als Dokumente ihrer Zeit erklärt

Band 148 Renée Violet
Kleine Geschichte der japanischen Kunst

Band 149 Lawrence Treat
Detektive auf dem Glatteis

Band 150
Alexandra Lavizzari-Raeuber
Thangkas Rollbilder aus dem Himalaya

Band 156 Herbert Alexander Stützer
Kleine Geschichte der römischen Kunst

Band 157 Paul Maenz **Die 50er Jahre**

Band 159 Anita Rolf
Kleine Geschichte der chinesischen Kunst

Band 160 Felix Freier / Norbert Sarrazin
Fotos: Selbst entwickeln – Selbst vergrößern

Band 163 Harald Küppers
Die Farbenlehre der Fernseh-, Foto- und Drucktechnik

Band 164 Nora Gallagher
Wohnzimmerspiele – alt und neu

Band 167 Eckhard Neumann (Hrsg.)
Bauhaus und Bauhäusler

Band 170 Hans Sedlmayr
Die Revolution der modernen Kunst

Band 171 Ernst H. Gombrich
Eine kurze Weltgeschichte für junge Leser

Band 173 Eve-Marie Helm
555 Teekessel

Band 174 Abbie Salny / Marvin Grosswirth
m. d. Mitgliedern der Mensa
Phantastische Mensa-Rätsel

Band 177 Vittorio Lampugnani
Architektur als Kultur

Band 178 Michael Koulen **Go**

Band 182 Martin Schuster
Kunsttherapie

Band 184 Wilfried Hansmann
Balthasar Neumann

Band 185 Manfred Görgens
Kleine Geschichte der indischen Kunst

Band 190 Peter Bolz / Bernd Peyer
Indianische Kunst Nordamerikas

Band 191 Abbie Salny / Marvin Grosswirth
m. d. Mitgliedern von Mensa
Das endgültige Mensa-Quiz-Buch

Band 193 Gerald Kahan **$E = mc^2$**

Band 194 Bernhard Streck (Hrsg.)
Wörterbuch der Ethnologie

Band 195 Wolfgang Hautumm
Die griechische Skulptur

Band 197 Andreas Mäckler (Hrsg.)
Was ist Kunst . . . ?

Band 198 Veruschka Bódy / Peter Weibel (Hrsg.)
Clip, Klapp, Bum

Band 200 Peter-T. Schulz **Ein Glück!**

Band 201 Ernst Kitzinger
Kleine Geschichte der frühmittelalterlichen Kunst

Band 203 Wolfgang Müller
Kleine Geschichte der altamerikanischen Kunst

Band 205 Joachim Knuf
Unsere Welt der Farben

Band 206 Peter Sager
Unterwegs zu Künstlern und Bildern

Band 211 Marion Milner
Zeichnen und Malen ohne Scheu: Ein Weg zur kreativen Befreiung

Band 212 Toshihiko und Toyo Isztsu
Die Theorie des Schönen in Japan

Band 213 Scot Morris
Rätsel für Denker und Tüftler

Band 214 Karlheinz Schüssler
Kleine Geschichte der ägyptischen Kunst

Band 218 Joachim Petsch
Eigenheim und gute Stube

Band 219 Till Förster **Kunst in Afrika**

Band 220 H. A. Ripley
»Wer ist der beste Detektiv?«

Band 221 Johannes Stahl
An der Wand

Band 222 H. A. Stützer
Ravenna und seine Mosaiken

Band 223 Rolf Harris
Cartoon-Zeichnen leicht gemacht

Band 224 Jochen Maes **Fahrradsucht**

Band 225 Erwin Panofsky
Gotische Architektur und Scholastik

Band 226 Richard Kostelanetz
John Cage im Gespräch

Band 227 Oskar Bätschmann
Entfernung der Natur

Band 228 Otto J. Brendel
Was ist römische Kunst?

Band 229 Uwe Springfeld
Schreibspiele

Band 230 Kasimir Malewitsch
Suprematismus – die gegenstandslose Welt

Band 231 Andreas Mäckler/Christiane Schäfers (Hrsg.)
Was ist der Mensch...?

Band 232 Martin Kuckenburg
Die Entstehung von Sprache und Schrift

Band 233 Peter-T. Schulz
Erleben ist alles

Band 234 Gerhard Kebbel
DuMont's verblüffendes Fremdwörterbuch

Band 235
Hans-Thomas Gosciniak (Hrsg.)
Kleine Geschichte der islamischen Kunst

Band 236 Klaus Eid / Hakon Ruprecht
Collage und Collagieren

Band 237 Andreas Verstappen
Waechters Erzählungen

Band 238 Michael Jäger
Die Theorie des Schönen in der Italienischen Renaissance

Band 239 William C. Seitz **Claude Monet**

Band 240
Christina Perincioli/Cillie Rentmeister
Computer und Kreativität

Band 241 Internationales Design Zentrum Berlin (Hrsg.) **Energien gestalten**

Band 242
Dan Ritchard/Kathleen Moloney
Die Kunst des Bauchredens

Band 243 Michael Holt **3 × 3 = 9?**

Band 244 Felix Thürlemann
Vom Bild zum Raum

Band 245 Ralph Tegtmeier
Sternenglaube – Sternenzauber

Band 246 Günter Spitzing **Athos**

Band 247 Esther und Klaus Gallwitz (Hrsg.)
Rußlandbilder

Band 248 Kai-Uwe Hemken
El Lissitzky

Band 249 Andreas Franzke **Dubuffet**

Band 250 Evi Melas **Delphi**

Band 251 Ulrich Vielmuth
Lexikon für Videofilmer

Band 252 Andreas Mäckler
Anthroposophie und Malerei

Band 253 Marco Meirovitz/Paul I. Jacobs
Visuelles Denken

Band 254 Christian W. Thomsen (Hrsg.)
Aufbruch in die Neunziger

Band 255 Franziska Ehmcke
Der japanische Tee-Weg

Band 256 Johann N. Schmidt
Wolken-Kratzer

Band 257
Edith Decker/Peter Weibel (Hrsg.)
Vom Verschwinden der Ferne

Band 258 Friedhelm W. Fischer
Max Beckmann

Band 259 Winfried Hönes
Was ist Glück...?

Band 260 Walter Kugler
Rudolf Steiner und die Anthroposophie

Band 261 Herbert Alexander Stützer
Frühchristliche Kunst in Rom

Band 262 Horst Gatermann **Die Osterinsel**

Band 263 Hajo Düchting **Franz Marc**

Band 264 Joachim Heusinger von Waldegg
James Ensor

Band 265 Jutta Ströter-Bender
Zeitgenössische Kunst der ›Dritten Welt‹

Band 266 Wolfgang Walenski
Der Offsetdruck

Band 267 Christa Murken-Altrogge
Paula Modersohn-Becker

Band 268 George Michell
Der Hindu-Tempel

Band 269 Klaus Urbons
Copy Art

Band 270 Hans Gekeler
Taschenbuch der Farbe

Band 271 Gustav Vriesen
Robert Delaunay

Band 272 Burchard Brentjes
Die Kunst der Mauren

Band 273 Hermann Bauer/Hans Sedlmayr
Rokoko

Band 274 Harald Küppers
Schule der Farben

Band 275 William Morris
Wie wir leben und wie wir leben könnten

Band 276 Russell Page
Ich schuf Gärten in aller Welt

Band 277 Margery Fish
Blumen für jeden Tag

Band 278 Martin Schuster
Wodurch Bilder wirken